Watheq F. Aliedani

Um algoritmo distribuído para actuadores para resolver problemas de energia em WSAN

Watheq F. Aliedani

Um algoritmo distribuído para actuadores para resolver problemas de energia em WSAN

Um Algoritmo Distribuído para Cooperação de Actuadores para Substituição de Nós com Bateria Descarregada em WSAN

This book is a translation from the original published under ISBN 978-620-7-48865-0.

Publisher:
Sciencia Scripts
is a trademark of
Dodo Books Indian Ocean Ltd. and OmniScriptum S.R.L publishing group

120 High Road, East Finchley, London, N2 9ED, United Kingdom
Str. Armeneasca 28/1, office 1, Chisinau MD-2012, Republic of Moldova, Europe
Printed at: see last page
ISBN: 978-620-7-87259-6

بِسْمِ اللهِ الرَّحْمَنِ الرَّحِيمِ

(عَلَّمَ الْإِنْسَانَ مَا لَمْ يَعْلَمْ)

صدق الله العليُّ العظيم

Dedicação

Dedico esta tese a...

Os meus pais.

A minha mulher.

É também dedicado a todos os que me deram conselhos e ajuda.

Agradecimentos.

Gostaria de agradecer ao meu supervisor, cujo entusiasmo, conhecimento e atenção aos pormenores me inspiraram e mantiveram o meu trabalho no bom caminho desde o primeiro passo desta investigação até ao último. Estou muito grato ao meu orientador, Professor **Saeed Pashazadeh,** pelo seu apoio, orientação e suporte durante todo o trabalho da dissertação, pois os seus valiosos conselhos foram muito úteis durante este trabalho de investigação e a redação da tese. Além de dirigir e continuar a supervisionar e a fornecer as informações necessárias sobre os projectos e a apoiá-los na sua conclusão. Mostrou-me muitas maneiras de resolver problemas e a necessidade de perseverança para conseguir fazer as coisas. Muito obrigada,

Gostaria também de agradecer ao orientador, Professor **Mohammad Reza Feyzi Derakhshi**, e ao Professor **Pedram Salehpour**, bem como de estender os meus sinceros agradecimentos ao chefe do Departamento de Engenharia Informática e ao pessoal da Universidade de Tabriz pela sua assistência na conclusão dos meus estudos.

Palavras-chave: WSAN, Sensores, Área crítica, Quantidade de eventos enviados, Velocidade de consumo de energia, Processamento por prioridade, Colaboração de actuadores, Actuadores extra.

Resumo:

A rede de sensores sem fios (RSSF) é uma rede constituída por um grupo de nós sensores ligados entre si sem fios e distribuídos em muitas áreas da vida, para monitorizar e acompanhar fenómenos naturais através da deteção de situações físicas ou químicas, estando distribuídos e fixados em diferentes áreas, como cidades e ruas, bem como desertos e montanhas e até mares e submarinos, para fins militares ou de saúde, em instalações científicas e fábricas, bem como em casas inteligentes. Estes sensores captam condições como a luz, o calor, a vibração, o vento, a humidade e outras variáveis naturais e enviam-nas para o centro de monitorização para tratamento e benefício. Algumas redes de sensores sem fios contêm pequenos robôs que se podem deslocar dentro da rede e têm a capacidade de executar algumas funções específicas, designadas por actuadores. Estas redes são designadas por redes de sensores e actuadores sem fios (WSAN). Os benefícios das redes de sensores sem fios são muitos, sendo que as informações e os dados fornecidos em grandes quantidades e com elevada precisão e a partir de locais que eram difíceis de obter e utilizados em vários domínios beneficiam o ser humano e facilitam a sua vida. Apesar dos grandes benefícios das redes de sensores sem fios, estas sofrem de alguns problemas que, por vezes, podem levar a que a rede não consiga realizar o seu trabalho como é exigido. O mais importante destes problemas é a potência limitada dos nós sensores e a velocidade do seu consumo de energia se o nó estiver ativo na deteção e transmissão de dados, o que leva à falha do nó sensor e, consequentemente, à falha da rede. Especialmente se a rede estiver num estado de trabalho contínuo devido a um grande número de eventos e dados enviados, muitos nós sensores sofrerão do problema de perda de energia e, assim, acumular-se-ão e agravarão o problema de energia na rede. Foram realizados estudos e investigações para resolver este problema, nomeadamente em termos da arquitetura dos nós, da forma e da conceção da rede de sensores e do método de encaminhamento dos dados, incluindo a utilização de baterias de longa duração ou de baterias recarregáveis e o seu carregamento através do processo de recolha de energia do ambiente, como a energia solar e eólica. Algumas destas soluções são dispendiosas e outras são temporárias. Nesta investigação, proponho um algoritmo para recarregar ou substituir os nós que sofrem de problemas de baixa potência, tirando partido do movimento dos actuadores nas redes de sensores e actuadores sem fios. Este método não requer custos adicionais e constitui uma solução permanente para o problema de energia das redes de sensores e actuadores sem fios.

Índice

Capítulo I: Introdução

1.1. Introdução

As redes de sensores sem fios (RSSF) são redes de sensores, designados por nós, implantados de forma organizada ou aleatória em determinadas áreas para monitorizar determinadas situações físicas, químicas ou militares ou alguns fenómenos naturais. São frequentemente implantados em zonas que não podem ser alcançadas por pessoas ou em zonas de rutura, pelo que o acesso a elas pode ser difícil. Após a implantação destes nós sensores, estes ligam-se sem fios para formar uma rede sem fios interligada num centro de controlo para recolher, armazenar e processar os dados recolhidos a partir destes nós para os utilizar e deles beneficiar.

As redes de sensores sem fios começaram a surgir no século XXI e, uma vez surgidas, começaram a desenvolver-se muito rapidamente. Este desenvolvimento foi ajudado pelo progresso tecnológico que contribuiu para reduzir o tamanho dos sensores, reduzir o seu custo e aumentar a sua tecnologia e eficiência, bem como pela presença e expansão da Internet, que também contribuiu para o aumento da utilização destas redes em diferentes regiões do mundo que podem estar longe da localização dos nós sensores actuais. Consequentemente, estas redes sem fios forneceram aos cientistas e especialistas informações abundantes e muitos dados sobre um tema específico ou um fenómeno natural, por exemplo, diferenças de temperatura, humidade, sismos, agricultura, saúde.

Tem sido realizada muita investigação para melhorar estas redes sem fios em termos de construção, conceção, sistemas operativos para sensores, protocolos de encaminhamento, recolha, fusão e utilização de informações e dados, mecanismo de localização e identificação, sincronização em tempo real, segurança da rede e proteção contra intrusões ou manipulações.

Em função destas redes, surgiram muitas aplicações para tirar o máximo partido desta tecnologia prometedora. As áreas de benefício destas redes expandiram-se e foram distribuídas e fixadas em áreas geográficas de diferentes terrenos nas planícies, montanhas, desertos, mares, perto de vulcões e outros locais para a exploração científica e acompanhamento de fenómenos naturais, bem como a sua disseminação em cidades, edifícios e estradas, controlo de veículos, controlo de tráfego nas ruas, locais públicos e privados, observações militares, campos de batalha, transporte marítimo, ambiente e sua proteção, e muitas outras áreas que as pessoas podem beneficiar.

Estas redes sem fios afectaram grandemente as nossas vidas através do encurtamento do tempo e da capacidade de recolher informação abundante e precisa e de recolher essa informação em locais amplos e por vezes difíceis ou perigosos. Estas redes proporcionaram conforto às pessoas e contribuíram para mudar o estilo de vida das pessoas para melhor.

Em geral, a rede de sensores sem fios é constituída por três elementos básicos: Os nós sensores são implantados no ambiente e são constituídos por várias unidades. A unidade sensorial contém sensores para uma situação específica, como a luz, a temperatura, a vibração, a pressão e a humidade. A responsabilidade da unidade de processamento consiste normalmente em efetuar um processamento simples dos dados do sensor a partir da unidade sensorial para os transferir. A unidade de transmissão e receção é responsável pela ligação do nó à rede e pelo envio e transmissão de dados. A unidade de alimentação fornece energia ao nó; normalmente, são utilizadas baterias de lítio. Alguns nós contêm uma pequena unidade de armazenamento para ser utilizada durante o processamento de dados e para lidar com outros nós no envio e receção de dados. Por vezes, os nós também contêm plug-ins dependentes da aplicação, como um GPS ou um gerador de energia.

O segundo elemento da rede são os observadores, que são as pessoas interessadas nas informações fornecidas pelos nós sensores, assim como pode ser um computador, um mecanismo ou um equipamento programado para tratar os dados enviados pelos nós sensores. Quanto ao terceiro elemento, são os objectos detectados, que são alvos naturais no mundo real, como o vento, o calor, ou em batalhas, por exemplo, tanques ou veículos militares, ou em estradas motorizadas, por exemplo, que excedem os limites de velocidade estabelecidos nessa rua, etc. A topologia geral da rede de sensores sem fios é em estrela ou em rede, consoante o tipo de aplicação da rede. Os nós são instalados em locais pré-determinados ou, por vezes, de forma aleatória. Estes nós sensores são fixos nas suas posições ou podem deslocar-se em função da aplicação para obter resultados óptimos.

Todas as redes de sensores sem fios são auto-configuráveis. Sempre que os nós sensores são instalados numa área específica, formam uma rede sem fios porque contêm unidades de transmissão e receção sem fios de curto alcance.

Esta rede está ligada à unidade de controlo, que é o centro de processamento de dados para receber todos os dados enviados por todos os nós da rede, efetuar o processamento, armazenar e beneficiar dos mesmos.

Estes dados recolhidos pelos nós sensores são o processo de conversão de fenómenos e estados físicos na natureza em dados digitais recolhidos que podem ser processados e beneficiados. Uma das formas mais importantes de beneficiar destes dados é depois de serem recolhidos e processados e de serem tomadas as medidas necessárias. Trata-se de ter uma reação física como resultado destes dados recolhidos e de transformar os dados das acções tomadas numa aplicação prática, pelo que foram adicionados à rede pequenos robôs que se podem deslocar na rede e com energia adequada para realizar as acções tomadas de acordo com os dados recolhidos pelos nós sensores na rede. Estes robôs são os actuadores da rede de sensores e actuadores sem fios (WSAN). Com a adição destes actuadores, a interação torna-se binária na rede, ou seja, a recolha de dados do ambiente e a sua influência no ambiente de acordo com os dados recolhidos através dos actuadores. A rede de sensores e actuadores sem fios foi um salto no domínio das redes de sensores sem fios. Apesar dos grandes e muitos benefícios que as redes de sensores sem fios têm proporcionado aos seres humanos, estas sofrem de muitos problemas. O mais importante é a energia limitada dos nós. A falha do nó em resultado da sua perda de energia ou da exposição a sintomas externos leva à sua falha ou morte. Esta situação afecta a rede a ele ligada e os problemas das redes sem fios resultam da falta de fiabilidade e de potenciais violações.

O problema mais importante que afecta as redes de sensores sem fios é o problema da energia e das suas limitações, especialmente se o nó sensor estiver em trabalho contínuo de deteção e transmissão de dados, porque a parte dos nós sensores que consome mais energia é a unidade de transmissão e receção. Por conseguinte, os nós que enviam mais dados têm um consumo de energia mais rápido.

Devido à importância da energia nas redes de sensores sem fios, muitos estudos de investigação abordaram este problema para evitar que a rede falhe devido à falha dos nós por perda de energia. Alguns destes estudos foram orientados para a arquitetura dos próprios nós. Outros estudos incidiram sobre a natureza da implantação dos nós na rede e os métodos de encaminhamento e comunicação na rede. Foram efectuados estudos sobre o fabrico de baterias com uma vida útil mais longa ou de baterias recarregáveis e sobre a utilização de energia do ambiente para recarregar as baterias, como a energia solar ou eólica e outras.

Estes métodos podem ser uma solução para o problema da energia, mas é uma solução temporária, e alguns deles são caros porque acrescentam custos à rede, como os painéis solares, por exemplo. Estas soluções não são a solução final para o problema da energia na rede de sensores sem fios, pelo que é necessário encontrar soluções permanentes a um custo inferior. Um dos métodos utilizados para manter os nós a funcionar bem e conservar a energia nos nós sensores é a utilização de baterias recarregáveis, e através dos actuadores, na rede, as baterias são recarregadas, ou os nós danificados ou perdidos de energia são substituídos por novos nós na WSAN. A presença de actuadores na rede ajudou a resolver a maioria dos problemas da rede sem fios, o mais importante dos quais é a energia limitada nos nós sensores.

Os actuadores podem deslocar-se no interior da rede de sensores sem fios e aceder aos nós sensores. Os actuadores são sempre ricos em energia. Os actuadores podem substituir nós danificados, mortos ou com baixo consumo de energia por novos nós ou recarregar as baterias recarregáveis dos nós.

As redes de sensores e actuadores sem fios provaram o seu sucesso e praticidade e começaram a difundir-se rapidamente. Mas começaram a surgir alguns problemas que os actuadores estão a sentir na rede, que é o caso da presença de mais do que um nó sensor que sofre de um baixo nível de energia e precisa de ser carregado ou substituído por um nó com energia total. Noutro caso, existem zonas importantes na rede que necessitam de mais atenção do que outras na mesma rede, devido à sua importância ou à abundância de dados enviados a partir dessas zonas. Por exemplo, em utilizações militares, os sensores situados no campo de batalha ou na sua proximidade têm mais importância e prioridade do que outros. Em zonas vulcânicas ou de terramotos, as zonas próximas do evento são mais importantes do que as distantes. Na cidade, por exemplo, as ruas movimentadas e com grande movimento de trânsito são mais importantes do que outras ruas onde o trânsito é muito normal, entre outros exemplos. Por isso, deve haver mais do que um atuador na rede e deve haver cooperação e coordenação entre eles. A rede deve ser gerida com algoritmos eficientes e poderosos.

Para isso, devem ser adicionados e concebidos bons algoritmos para coordenar a cooperação entre os actuadores e os sensores e entre eles para gerir a rede e manter um excelente desempenho da rede de sensores sem fios. Normalmente, os nós sensores são implantados numa área geográfica específica e, por vezes, de forma aleatória, sem um planeamento cuidadoso. Uma vez instalados, os sensores devem configurar-se e ligar-se automaticamente à rede de comunicações. Por vezes, são instalados num ambiente adverso ou hostil, onde é difícil ou mesmo impossível mudar ou recarregar as baterias. Neste ambiente, os nós sensores podem ter taxas de deteção ou de transferência de dados elevadas, o que resulta num aumento do consumo de energia que leva à morte do nó. Assim, causa problemas de clivagem e fragmentação da rede, o que leva à redução do desempenho da rede. Assim, é necessário recarregar ou substituir o nó sensor antes que a bateria se esgote. Estes sensores enviam sinais aos actuadores para que estes forneçam energia antes que a bateria se esgote. Neste caso, os actuadores terão dificuldade em dar prioridade aos pedidos de recarga dos sensores e devem coordenar-se entre si para gerir o problema da falta de energia.

Os actuadores em WSAN têm o problema de receber notificações de mais do que um nó na rede que sofre de problemas de nível de bateria baixo. Como é que os actuadores lidam com estes sensores? Eles têm diferentes taxas de velocidade de consumo de energia e estão localizados em vários locais importantes da rede. Como podem os actuadores satisfazer todas as necessidades dos sensores no caso de grandes quantidades de eventos e de áreas críticas na rede? Nesta investigação, proponho um algoritmo para criar uma coordenação entre os sensores com baterias de baixo consumo e os actuadores para dar prioridade ao processamento baseado nos dados dos nós sensores pela sua localização na rede, quantidade de eventos, nível de energia da bateria e velocidade de consumo. O algoritmo cria uma coordenação colaborativa entre os mesmos actuadores para gerir as operações de processamento de todos os nós sensores da rede que sofrem de baixo consumo de energia antes que as suas baterias se esgotem, bem como se a rede precisa de adicionar mais actuadores para controlar o problema de baixo consumo de energia para todos os nós sensores da rede.

O critério para o sucesso deste algoritmo é a sua capacidade de criar precedência e cooperação sobre o movimento dos actuadores para acomodar os pedidos dos sensores se houver mais do que um nó sensor a sofrer de baixo nível de bateria, com diferentes níveis de consumo de energia e locais de importância diferente, o algoritmo fornecerá uma notificação de que outros actuadores são adicionados à rede na insuficiência dos actuadores existentes. Este algoritmo criará uma excelente interação entre os actuadores e os sensores e entre os actuadores para gerir os baixos níveis de energia de todos os nós sensores na rede e manter a continuidade da rede.

1.2. problema Declaração

Os nós sensores são normalmente implantados numa área geográfica específica e, por vezes, de forma aleatória, sem um planeamento cuidadoso. Uma vez instalados, os sensores devem configurar-se e aderir automaticamente à rede de comunicações. Por vezes, são instalados num ambiente adverso ou hostil, onde é difícil ou mesmo impossível mudar ou recarregar as baterias. Neste ambiente, pode haver nós sensores com elevadas taxas de deteção ou de transmissão de dados, o que resulta num aumento do consumo de energia dos nós, levando à sua morte. Consequentemente, isto causa problemas de divisão e fragmentação da rede, resultando numa diminuição do desempenho da rede. Por isso, estes nós sensores devem ser recarregados ou substituídos antes que a bateria se esgote. Estes sensores enviam sinais aos actuadores para que estes lhes forneçam energia a tempo, antes que a bateria se esgote. Neste caso, os actuadores enfrentarão o problema de dar prioridade aos pedidos de recarga dos sensores e terão de se coordenar entre si para gerir o problema da falta de energia.

Capítulo Dois: Revisão da literatura

2.1.Introdução

Apesar dos grandes benefícios proporcionados pelas redes de sensores sem fios, alguns obstáculos impedem que esta rede desempenhe plenamente a sua função e o mais importante destes obstáculos é a energia limitada nos nós sensores, uma vez que a maioria dos nós sensores está equipada com pequenas baterias que se consomem ao longo do tempo e como resultado do nó sensor desempenhar a sua função de deteção e envio ou receção de dados. A capacidade limitada dos nós sensores é considerada um dos obstáculos mais importantes que afectam a rede, porque se a bateria do nó sensor se esgotar, tal conduz a fraquezas e problemas na rede ou mesmo ao seu fracasso.

Foram realizados estudos e investigações para resolver o problema do baixo nível de energia nos nós, alguns dos quais se orientaram para a arquitetura do nó e alguns dos métodos de distribuição dos nós na rede para reduzir a utilização de unidades que consomem mais energia, bem como o fabrico de baterias com uma vida útil mais longa ou de baterias recarregáveis ou a utilização do método de recolha de energia, por exemplo, energia solar ou energia eólica ou energia resultante da mudança de temperatura, mas a maioria destes métodos pode acrescentar custos adicionais à rede.

Alguns trabalhos de investigação têm aproveitado o movimento dos actuadores em redes de sensores e actuadores sem fios para transferir a energia necessária para manter e recarregar os sensores que sofrem de baixos níveis de potência, ou mesmo estes nós podem ser substituídos por novos nós caso sofram de falhas ou avarias. Considerando que os actuadores podem mover-se dentro da rede e alcançar os nós sensores, e que os actuadores também se caracterizam por terem maior potência do que os sensores, pode haver coordenação entre os nós sensores e os actuadores para organizar e gerir o problema da baixa potência nos nós sensores, bem como coordenação cooperativa entre os próprios actuadores para gerir o movimento dos actuadores dentro da rede de sensores e actuadores sem fios.

Nesta investigação, apresento um algoritmo para gerir e regular o movimento de actuadores na rede de sensores e actuadores sem fios para acomodar todos os pedidos de problemas de baixo nível de potência nos nós sensores. Estabelece a cooperação entre os mesmos actuadores para distribuir tarefas entre si de acordo com a prioridade para atender e resolver todos os problemas de baixo consumo de energia na rede de sensores sem fios sem quaisquer acréscimos ou sem custos de rede. Para além de resolver o problema de energia na rede, este algoritmo também pode ser utilizado e empregue para realizar várias outras acções na rede que necessitem de coordenação e cooperação entre sensores e actuadores e entre os mesmos actuadores na rede de sensores e actuadores sem fios.

A WSAN é uma rede sem fios que contém vários sensores que recolhem informações sobre o ambiente em que se encontra e os seus actuadores, como motores ou máquinas, para que haja cooperação e interação entre eles. O ser humano pode controlar esta interação ou, por vezes, trata-se de uma interação independente.

Por vezes, a WSAN pode ser uma rede de nós sensores para um grupo de actuadores sem fios, o que significa que há mais do que um atuador na rede a trabalhar em conjunto para realizar uma tarefa específica. Para ilustrar esta situação, por vezes os actuadores são um conjunto de motores e máquinas eléctricas, que diferem nas suas ferramentas, mas que estão organizados em conjunto de forma adequada para realizar tarefas de grande complexidade. As redes WSAN podem ser concebidas a partir de milhares de nós sensores associados a um ou mais actuadores ligados ao hub de sensores. Estas redes são utilizadas em locais de grande importância onde a medição deve ser precisa e em zonas que necessitam de controlo ambiental. Nestas áreas, é necessário ter um processamento de dados independente e uma resposta imediata da unidade central de processamento aos agentes de controlo, para que estes possam fazer as alterações certas no momento certo. Por exemplo, em áreas militares, a resposta dos intervenientes deve ser rápida e imediata, dependendo dos dados detectados pelos nós sensores no local da batalha, por exemplo.

2.2. Revisão da literatura

O aparecimento das modernas redes de sensores sem fios e a sua utilização generalizada em vários domínios da vida levaram os investigadores a realizar estudos e investigações sobre o desenvolvimento destas redes, de modo a tirar o máximo partido delas e a utilizá-las ao serviço da humanidade.

As redes de sensores sem fios são uma ferramenta útil para os cientistas, pois ajudam-nos a analisar e a acompanhar os fenómenos naturais do ambiente e abrem caminho a centros e instalações científicas. Estudos e pesquisas foram realizados para empregar essas redes na saúde, na agricultura, na indústria, em laboratórios e até mesmo no monitoramento de cidades e prédios residenciais, além do monitoramento ambiental com o uso dessa nova tecnologia. Com a disseminação das redes de sensores sem fio e das redes e aplicações que delas emanam, elas se depararam com algumas limitações e limitações que restringiram seu desempenho e impediram seu funcionamento ideal. Além disso, surgiram alguns problemas que, por vezes, podem ser problemas que levam à falha de toda a rede ou a uma fraqueza no trabalho projetado. A mais proeminente destas limitações é a falta de fiabilidade das redes sem fios, bem como o problema da coordenação e cooperação entre sensores e actuadores em tempo real nas redes de sensores e actuadores sem fios, e o mais proeminente e mais importante destes problemas é o problema da potência e das suas limitações. Por conseguinte, foi efectuada muita investigação para encontrar as soluções necessárias.

De acordo com os grandes êxitos das redes de sensores sem fios, bem como com o aparecimento de novos tipos destas redes e das muitas aplicações nelas baseadas, podemos dizer que o mundo está a caminhar para uma ligação total a redes de sensores sem fios especializadas, para beneficiar a humanidade e eliminar os obstáculos e as dificuldades com que o ser humano se deparava. Reduziu o tempo e proporcionou precisão e eficiência no desempenho em muitos domínios, especialmente nos domínios científico, da saúde, ambiental e industrial. Tornou possível ao ser humano obter informações que eram difíceis de obter, por exemplo, em zonas de terramotos, vulcões, desertos, florestas, mares profundos e outras regiões de difícil acesso para o ser humano.

Há uma proliferação aparente e acelerada da tecnologia WSAN em todo o lado e a sua ligação às várias transacções e necessidades das pessoas, o que permite o acesso a dados em tempo real e à forma de trabalhar, socializar e fazer coisas quotidianas que irão mudar para melhor a forma como as pessoas comunicam com as suas necessidades.

Quando as WSANs cobrirem o mundo, haverá uma nova revolução

semelhante às revoluções industriais e às revoluções da Internet. Surgirão novos empregos, indústrias e modelos económicos. A vida quotidiana sofrerá alterações profundas. Devem também ser abordados vários outros tópicos importantes para as WSAN, incluindo os seguintes: heterogeneidade, normas, abstracções de programação, linguagens, bases de dados de fluxo contínuo em tempo real, middleware, sistemas operativos, escalonamento, teoria da composição e da análise, métodos formais e espetro sem fios, realidades sem fios, incluindo interferências, tempo real, segurança do sistema, ferramentas de conceção, análise e depuração, poupança de energia e controlo da potência, mobilidade, sincronização do tempo, serviços de localização, algoritmos descentralizados, computação em enxame e processamento de sinais. A resolução de muitos destes problemas em simultâneo no contexto das WSAN conduzirá a muitos problemas de investigação interessantes [1].

As redes de sensores sem fios tornaram-se um dos recursos de investigação científica mais importantes, na tentativa de as desenvolver, resolver os problemas que enfrentam e alargar o âmbito da sua utilização em vários domínios.

A diferença entre a rede de sensores e actuadores sem fios e as redes de sensores sem fios é que esta possui actuadores. Sabe-se que a rede de sensores sem fios é constituída por nós sensores ligados entre si e às estações de base para detetar e recolher dados sobre uma determinada condição física ou ambiental. Estes dados foram recolhidos de forma cooperativa a partir dos nós sensores instalados de forma independente na área a cobrir. Estes dados são processados no nó pélvico para conhecer os acontecimentos que ocorrem no mundo físico. O ambiente Tem de haver uma reação ou ação específica que afecte o ambiente cujos dados foram recolhidos, pelo que foram adicionados à rede móvel robôs neste ambiente que actuam e se movem de acordo com os dados recolhidos, o que significa que a interação se tornou binária, recolhendo dados do ambiente e afectando o ambiente de acordo com os seus dados através do atuador. A rede de redes de sensores e actuadores sem fios foi um salto no domínio das redes de sensores sem fios.

Muitas aplicações baseadas em WSAN são muito comuns, especialmente em casas e fábricas inteligentes, sendo as mais importantes a Internet das Coisas

(IoT) e outras. Nas redes WSAN, há um fator muito importante para o sucesso do trabalho da rede: a coordenação entre os nós sensores e os actuadores e entre os próprios actuadores. Para evitar o problema do atraso na resposta dos operadores de rede em tempo real e, assim, aumentar a fiabilidade. Surgiram alguns trabalhos de investigação que abordam a questão da coordenação e cooperação na rede. Por exemplo, o artigo [2] revê algumas técnicas neste tópico, especificamente na coordenação entre sensor e atuador, protocolos de encaminhamento, protocolos de transporte e protocolos para cooperação e coordenação entre actuadores, mostrando as suas vantagens e desvantagens. Este artigo faz uma revisão das aplicações WSAN classificadas de acordo com os requisitos em termos de fiabilidade, atraso limitado, tempo de tarefa, eficiência energética e diferenciação de serviços. A priori, o processo de coordenação numa rede depende da sua arquitetura. Uma arquitetura WSAN pode ser classificada em totalmente automatizada ou semi-automatizada. Nas redes totalmente automatizadas, a coordenação é feita entre os nós sensores e os actuadores e entre os actuadores para elaborar um plano com base nos dados dos sensores. Numa rede semi-automática, os sensores encaminham os seus dados para os actuadores através do nó de ligação.

Numa rede semi-automatizada, não há necessidade de coordenação entre os nós sensores e os actuadores devido ao carácter central deste tipo de rede. No entanto, existe um problema, que é o facto de os dados sensíveis serem direccionados para um atuador próximo através de um nó sink, podendo haver um atraso devido à latência, bem como os nós próximos do sink sofrerão do problema do consumo mais rápido de energia longe da pélvis.

No caso da rede totalmente automatizada, os dados sensoriais (tangíveis) são enviados diretamente dos nós sensores para os actuadores próximos, pelo que a distribuição da carga de comunicação entre os nós actuadores será igual, o que permite prolongar a vida útil da rede.

Numa rede totalmente automatizada, devem existir protocolos distribuídos para coordenar a cooperação entre o sensor e o atuador, o que é muito importante para garantir uma resposta correcta do atuador, que pode falhar se os dados sensoriais não chegarem ao atuador a tempo.

No artigo [3], De Marco e P. Park mencionaram os grandes e recentes desenvolvimentos ocorridos nas redes sem fios, os desenvolvimentos dos sensores e a interação de informações e dados com sistemas físicos como a IoT, os ciber-sistemas (CS) e a Internet pelo toque. Milhares de milhões de dispositivos sem fios são utilizados para ligar máquinas e coisas às pessoas e controlá-las de forma inteligente nos domínios industrial, agrícola e da saúde. Todas estas aplicações se baseiam essencialmente em redes de sensores e actuadores sem fios.

O documento [4] aborda as redes industriais de sensores e actuadores sem fios (4th generation 4.0) na indústria, onde se fala da ligação de objectos físicos à Internet através da chamada IoT. Este campo transformou a indústria normal numa indústria digital denominada (Indústria 4.0). A estrutura básica da Indústria 4.0 é a WSAN, da qual surgiram a Industrial Wireless Sensor Network (IWSN) e a Industrial Sensor Network and Wireless Actuator (IWSAN). O papel da IWSAN é estabelecer a interligação entre humanos e máquinas ou produtos e criar várias aplicações para tomar decisões independentes e inteligentes. As IWSAN são uma excelente tecnologia para muitas aplicações industriais porque são simples de implantar, económicas, descomplicadas e suportam a mobilidade.

O artigo [5] é uma das aplicações práticas do WSANJ. Blanco, A. García e J. Morenas propuseram um modelo para poupar energia em instalações, fábricas e até mesmo em casas. Foi concebido um modelo de uma rede de sensores e actuadores sem fios para fornecer apoio inteligente automático com base na IoT. Este sistema gere eficazmente o consumo de energia controlado de dispositivos e máquinas em termos do seu funcionamento para conservar energia. Os dados são recolhidos a partir de sensores inteligentes e do mercado da energia através da Internet. Após a análise destes dados, obtém-se conhecimento sobre a utilização de energia e o sistema toma decisões inteligentes automaticamente com base nas informações fornecidas. Este método foi utilizado numa fábrica de alimentos e mostrou bons resultados na poupança de energia e na redução de custos.

No artigo [6], foi proposta uma atualização tecnológica nas unidades de ar condicionado que foram instaladas em edifícios residenciais, educativos ou industriais, tirando partido do conceito de IoT e da sua utilização de sensores sem fios e redes de actuadores para melhorar estes edifícios modernos, aplicando um mecanismo de controlo e decisão para controlar a utilização de energia. Os dados são recolhidos através da rede de sensores e actuadores sem fios durante vários meses e, em seguida, estes dados recolhidos são aplicados ao Sistema de Gestão da Eficiência Energética (EEMS) para obter as melhores soluções adequadas para a máxima eficiência energética. Esta proposta foi aplicada na prática em alguns edifícios, e o resultado foi que o rácio de eficiência atingiu 23%.

No artigo [7], é apresentado um método para utilizar a tecnologia e as capacidades das redes de sensores e actuadores sem fios para controlar e gerir a intensidade da iluminação para se adaptar às alterações climáticas, de modo a atingir a iluminação necessária e poupar a energia consumida.

No artigo [8], a tecnologia de redes de sensores sem fios é utilizada para evitar problemas de saúde causados por ambientes nocivos através da monitorização ambiental. Este estudo propõe um sistema de monitorização em tempo real de parâmetros do ambiente físico, como a temperatura, a pressão atmosférica, a humidade relativa e a radiação ultravioleta. A energia necessária para operar e manter este sistema é a recolha de energia. Para o efeito, são utilizados painéis solares ou células solares e uma bateria recarregável. O resultado deste sistema é a possibilidade de recolher dados sobre o ambiente de forma sustentável.

No artigo [9], é apresentada uma proposta de um sistema inteligente que toma decisões sobre a infraestrutura de funcionamento da automação residencial distribuída (ResiDI) tirando (partido) da rede de sensores e actuadores sem fios. Este sistema ResiDI transmite sem fio eventos de nós instalados ao redor da casa equipados com baterias como um sistema de backup. As funções e a inteligência do sistema ResiDI são distribuídas pelos nós da rede e, para aumentar a precisão da tomada de decisão, esta é efectuada através de uma rede neuronal. O mecanismo de correlação temporal é adotado para reduzir o consumo de energia nos nós. Os resultados da simulação deste sistema foram um aumento da tomada de decisão em 22,03%, uma diminuição do consumo de energia não homogénea em 44,35% por nó, uma eficiência na transmissão de dados em 95,24%, e uma rapidez na execução do processo de decisão onde a percentagem de ganho no tempo de resposta foi de 30,21%.

O processo de coordenação é uma das questões essenciais e fundamentais nas redes de sensores e actuadores sem fios. O artigo [10] discutiu a questão da coordenação de nós distribuídos para satisfazer os requisitos do utilizador em casos de pontos de interesse (POIs) em tempo real e com eficiência energética. Este artigo adoptou um programa não-linear para formular o problema de coordenação de nós. A investigação sugeriu a divisão do problema em dois subproblemas inter-relacionados. O primeiro é a coordenação sensor-atuador (SA), que utiliza uma abordagem de estimativa baseada no filtro de Kalman distribuído nos actuadores para criar cooperação entre estes e os sensores próximos. O segundo é a coordenação do atuador com o operador (AA), em que um método de controlo baseado na distribuição (Lagrange) dos actuadores foi concebido para ajustar as saídas destes actuadores de forma óptima. A pesquisa contou com a avaliação dos resultados estimados a partir do formato SA, onde os resultados das simulações do método de convergência apareceram de forma precisa com um distanciamento da alta complexidade computacional e a possibilidade de sua aplicação com menor complexidade que outros métodos.

A simulação dos resultados desta proposta pressupõe a existência de uma rede de sensores e de um atuador sem fios constituído por 30 actuadores e 100 sensores distribuídos aleatoriamente numa área de interesse para monitorizar e acompanhar a temperatura em 30 nós de interesse. O número de actuadores utilizados é relativamente grande para monitorizar os nós de interesse se assumirmos que todos ou a maioria dos nós se tornaram um contrato importante nesta região de interesse. Neste caso, precisamos de actuadores com o número destas unidades ou próximo disso, o que é indesejável, pois sabemos que os actuadores têm um custo mais elevado e necessitam de mais energia, pelo que aumentar o seu número significa mais custos e consumo de energia.

No artigo [11], a proposta é conceber uma poderosa rede de sensores e actuadores sem fios (R-WSAN) em estações temporais e espaciais multi-mudanças para manter a estabilidade das redes sem fios de controlo na estabilidade do controlo. O protocolo de conceção conjunta proposto combina unidades de controlo, planeamento de montagem, planeamento de recursos e função de controlo da rede sem fios através de um bloco hierárquico baseado na rede. A rede reduz as tarefas confiadas aos nós não fiáveis e permite a partilha das tarefas de controlo entre os nós da rede sem fios. Esta proposta proporciona flexibilidade para a alergia aos erros da rede e funciona sem perturbar o bom desempenho do controlo.

Considerando que os actuadores na WSAN são responsáveis pela resposta rápida e pela tomada de decisões, bem como pela resposta de acordo com os dados enviados pelos nós sensores na rede, devem existir procedimentos bons e eficazes na rede para direcionar o tráfego dos actuadores. O artigo [12] propôs um protocolo de encaminhamento para fornecer um bom serviço em termos do atraso global e do consumo de energia resultante, a rede é dividida num grupo, e estes são supervisionados pelos chefes de grupo Cluster-Heads (CHs) Com base em métricas importantes, tais como a capacidade de energia e a quantidade de contactos para determinar o CH nó de alta densidade com o elevado alcance de todos os nós actuadores. A utilização de outra medida é a distância em número de saltos do sensor até ao atuador. A redução do atraso de comunicação ao notificar o atuador aumenta a fiabilidade da rede e reduz o consumo de energia. O protocolo de encaminhamento concebido é sensível ao atraso e à potência, ou seja, permite reduzir os atrasos e o consumo de energia.

No artigo [13], é proposto um novo algoritmo de controlo para a gestão eficiente de recursos e o controlo da fábrica, que depende de redes de sensores e actuadores sem fios em tempo real para alcançar a estabilidade do controlo da fábrica e melhorar a utilização de energia. Este algoritmo consiste em três passos. Em primeiro lugar, o encaminhamento do algoritmo de salto mínimo é utilizado para fornecer os caminhos candidatos para a transmissão e, em seguida, o sinal de controlo ótimo para cada caminho de transmissão filtrado pode ser derivado iterativamente pelo método de retorno. Finalmente, a estratégia de controlo ótimo determina o melhor caminho de transmissão para obter uma conceção de co-otimização. O documento sugere a simulação desta aplicação num sistema de rede eléctrica para verificar a eficácia deste algoritmo.

No artigo [14], a rede de sensores e actuadores sem fios foi utilizada para controlar a unidade de controlo em fábricas e evitar a falha da unidade de controlo, o que, por sua vez, leva à deterioração do desempenho dos sistemas físicos cibernéticos e industriais. Este artigo apresenta um mecanismo de comutação da unidade de controlo através da rede WSAN para estabelecer flexibilidade no controlo de potenciais problemas e falhas. O mecanismo de funcionamento do método proposto consiste em que, quando é detectada uma falha na unidade de controlo principal, esta é transferida diretamente para uma unidade de controlo de reserva. Este processo mostrou a capacidade de mudar rapidamente, em caso de falha de um controlador, para um controlador de reserva.

No artigo [15], é feita uma proposta para redes industriais de sensores e actuadores sem fios que gerem o Time Slotted Channel Hopping (TSCH) para evitar a possibilidade de falha no tratamento das cargas de tráfego de diferentes dispositivos se os canais e as faixas horárias forem especificados nos métodos de escalonamento de transporte independentes utilizados e nos protocolos de encaminhamento em redes de baixa potência e com perdas (RPL). Sugere-se a utilização do Planeamento Autónomo Consciente do Tráfego (ATRIA) para Redes Industriais de Sensores-Atuadores Sem Fios.

O método ATRIA é independente da autonomia da rede no que respeita à programação da transferência de tráfego. O dispositivo que gere o ATRIA pode descobrir, através das suas informações de encaminhamento locais, se existe uma sobrecarga no tráfego e, em seguida, definir uma data para a transferência sem precisar de conhecer as informações de outros dispositivos próximos. Os resultados desta proposta foram uma maior fiabilidade e uma menor latência da rede de extremo a extremo, sem encargos adicionais, em comparação com a linha de base moderna.

O artigo [16] propõe um nó sensor sem fios com um consumo de energia reduzido. Os componentes principais do nó (Xbee), o microcontrolador PIC de baixo consumo e o sensor digital. O controlo dos nós é definido no início, e primeiro é feita a deteção e depois a transmissão, e a transmissão é periódica ou intermitente para avaliar o consumo de energia. Em seguida, mede-se as correntes durante as fases de transmissão de duas formas. Os resultados mostraram um menor consumo de energia no estado de inatividade em comparação com os métodos de transporte tradicionais.

No artigo [17] é proposto um método para utilizar o carregamento sem fios através da Internet para carregar os actuadores e evitar a falha do atuador. O artigo introduziu um novo gráfico de carregamento, um novo esquema de carregamento em linha para evitar falhas do atuador (AFAC), tendo em conta o tempo mais longo que os actuadores demoram a recarregar. Por conseguinte, é definida uma carga máxima para evitar falhas que possam ocorrer nos nós sensores devido à energia. Os resultados foram a redução do número de nós sensores com falhas a um custo e atraso mais baixos em comparação com outros sistemas de carregamento sem fios em WSANs.

O artigo [18] investigou a falta de fiabilidade das comunicações sem fios e as aplicações de controlo em tempo real da rede de sensores e actuadores sem fios. O artigo propõe a adoção de um design para redes de controlo em dispositivos móveis em que estes dispositivos sejam independentes do ambiente, das plataformas e do design da unidade de controlo. Nas redes de sensores e actuadores sem fios em que os actuadores são móveis, a eficiência dos actuadores móveis na resposta e a sua vida útil dependem da implantação inicial dos actuadores e da distribuição coordenada das cargas de trabalho entre todos os actuadores. É na afetação de cada atuador à carga de trabalho.

No artigo [19], uma proposta para um algoritmo de controlo distribuído que opera com múltiplos factores de carga em cada secção baseia-se na movimentação dos actuadores com base no princípio do desequilíbrio da carga e na força predefinida do atuador. O algoritmo move dinamicamente os actuadores para alcançar uma distribuição equilibrada. Além disso, para o atuador individual em cada secção, é incluído o custo total de deslocação da visita e da ligação a todos os nós sensores e o custo de manutenção nesta secção. Para cada departamento, é determinada a atribuição mínima para a carga de trabalho do serviço e, em seguida, é proposto um raciocínio eficaz para cada departamento. Os resultados da simulação comprovam a eficácia do método proposto.

O artigo [20] propõe uma abordagem prática para carregar os nós actuadores como nós móveis. Como requer um maior consumo de energia e o tempo de carregamento é mais longo do que o dos nós sensores, foi proposta uma abordagem prática para o carregamento móvel (EMC) para assegurar a continuidade da energia nos nós actuadores e reduzir o número de falhas dos nós sensores. A energia restante e a localização atual do nó determinam o próximo filtro de carregamento. Esta abordagem foi proposta para manter a sobrevivência de todos os nós actuadores, reduzir o número de nós sensores com falhas e conseguir um compromisso entre o atraso e o custo do carregamento. Este algoritmo funciona num modelo de rede que consiste na estação de base (BS), que é uma fonte rica de energia que se encontra no centro da rede e tem uma ligação direta e forte com o (MV), que é um poderoso dispositivo de carregamento móvel que se desloca a uma velocidade constante na rede para carregar os nós que precisam de ser carregados na rede. Para a presença de nós sensores fixos e de actuadores móveis na rede. O algoritmo de carregamento proposto depende da estimativa do estado de energia do nó e foi concebido em cinco passos: em primeiro lugar, calcular o tempo mínimo de espera para os nós que têm pedidos de carregamento e, em segundo lugar, calcular os nós mortos em caso de atrasos no carregamento, calculando o atraso máximo do tempo de carregamento. O terceiro passo é calcular a distância entre os dois nós. Os nós sensores têm uma localização fixa e, enquanto os actuadores são móveis, as coordenadas da localização atual do atuador têm de ser determinadas. Em seguida, no quarto passo, a escala métrica de carga é calculada para os nós através dos quais o próximo nó de carga é determinado. No quinto passo, consideram-se os actuadores de emergência na rede. Neste algoritmo, sugeriram que os actuadores de emergência monitorizassem a sua energia e, se esta descesse abaixo de um determinado limiar, enviassem uma notificação à BS de que precisavam de ser recarregados, pelo que a BS daria instruções à MV para que o atuador fosse o próximo nó a carregar. Se houver mais do que um atuador com um aviso de recarga, é feita uma escolha, sendo dada prioridade a quem enviar primeiro uma mensagem de emergência. A estratégia de carregamento das unidades depende da determinação da localização dos actuais actuadores como sendo móvel e não fixa num local específico.

Este algoritmo necessita de adicionar MV para o movimento na rede e para a transmissão de energia da BS para os sensores e actuadores, o que acrescenta custos à rede. Quanto à presença de mais do que um pedido para recarregar mais do que um atuador, o algoritmo dá prioridade ao proprietário do primeiro pedido de carregamento. Não se considera uma solução adequada e prática para determinar a prioridade porque pode ser o atuador que enviou o pedido tardiamente, pode ser mais importante do que outros se estiver numa zona importante, por exemplo, ou encarregado de operações mais importantes do que outros um dos actuadores ou tem mais carga do que outros de modo que a velocidade de consumo da sua energia é maior do que outros, pelo que este algoritmo não pode ser sempre adotado.

O documento [21] discutiu os desafios enfrentados pelas redes de sensores e actuadores sem fios e os seus protocolos actuais. Um dos problemas e desafios mais comuns com que se depara uma WSAN, para além da questão da energia, é o facto de os protocolos de rede poderem não funcionar em tempo real para os comandos, ocorrendo atrasos nas aplicações. Este atraso provoca atrasos nas acções em tempo real dos actuadores, o que leva à falta de fiabilidade da rede para o processamento de eventos em tempo real.

As redes de sensores e actuadores sem fios diferem das redes de sensores sem fios pela presença de actuadores, pelo que, para que a rede funcione bem, tem de haver coordenação na rede e em tempo real. Isto leva a que nem todos os protocolos de redes de sensores sem fios funcionem nas redes de sensores e actuadores sem fios. Na conceção do protocolo, é necessário ter em conta que os tempos das acções dos actuadores são proporcionais aos tempos do evento detectado pelo nó sensor.

Uma vez que as redes de sensores e actuadores sem fios são redes de resposta em tempo real, deve haver uma elevada fiabilidade, tendo sido propostas diferentes abordagens de análise para que as WSAN atinjam a sua maior fiabilidade. No artigo [22], um estudo e uma comparação entre duas abordagens utilizadas numa WSAN são a abordagem de análise analítica comparada com a segunda abordagem, que consiste em examinar o modelo na aplicação da rede de sensores e actuadores sem fios para descobrir a frequência mais elevada para obter dados dos nós. Uma maior frequência dos nós significa maior eficiência e menor custo. Os resultados da comparação mostraram que a abordagem de verificação do modelo, os seus resultados eram mais exactos do que a abordagem analítica.

O artigo [23] propôs uma solução para o caso de falha do nó atuador, que por sua vez leva à falha da rede ou a um mau desempenho. Esta proposta apresentou um algoritmo para restabelecer a comunicação durante uma falha de um nó em redes baseadas em cobertura mista com perdas mínimas na área. O trabalho do algoritmo consiste em sugerir um nó de reserva próximo do nó em estado crítico para garantir que a comunicação na rede continua em caso de falha do nó crítico a tempo. Os resultados deste algoritmo são bons se existirem nós vizinhos alternativos, mas se mais do que um nó estiver a passar por um estado crítico e em locais próximos, este algoritmo não é adequado porque haverá competição para escolher o nó mais próximo, que já é crítico e propenso a falhar se for escolhido entre mais do que um nó crítico.

No artigo [24], as redes de sensores sem fios que são utilizadas na Internet industrial das coisas baseadas em (IEEE 802.15.4), que são baratas de fabricar e funcionam a baixa potência, estes nós são ideais se a rede tiver em conta a duração da bateria e os custos. Para conseguir comunicações sem fios fiáveis de baixa potência em instalações industriais, foram utilizadas tecnologias (WirelessHart), onde surgiram as suas técnicas de qualidade e viabilidade básica, como o encaminhamento fiável em grafo e o salto de canal com economia de tempo (TSCH). No entanto, estão a começar a surgir algumas limitações deste tipo de WSAN. Uma dessas limitações é a escalabilidade limitada devido ao roteamento e escalonamento centralizados. O artigo [25] propõe um novo algoritmo para apoiar a estabilidade do controlo e reforçar a qualidade do serviço para a eficiência energética em actuadores e redes de sensores sem fios. Este algoritmo é para otimização conjunta e passa por três etapas. Em primeiro lugar, a análise de energia e a estratégia de controlo podem encontrar o intervalo de amostragem ideal, dependendo do consumo, da recolha de energia e das condições residuais. O ganho de controlo é derivado pelo método de iteração para trás no segundo passo para cada intervalo de amostragem. O terceiro e último passo consiste em escolher a estratégia de controlo óptima como uma função linear dos estados actuais da instalação e das estratégias de controlo anteriores. A aplicação do método foi ao seu sistema de voo UAV Conseguir com sucesso a estabilidade do controlo e um melhor desempenho através da conceção de uma proposta de melhoria detalhada para utilização em cenários de recolha de energia pobres, adequados e genéricos.

O artigo [26] propõe um algoritmo com um mecanismo de controlo e estimação colaborativos para obter a coordenação entre nós de forma distribuída. A estratégia do algoritmo baseia-se na força virtual baseada no controlo regional para melhorar a cobertura da área, espalhando o atuador depois de este ter sido espalhado aleatoriamente na posição inicial. Os nós são controlados utilizando o mecanismo de coordenação dinâmica. Este mecanismo tem duas componentes: a rede proporcional recursiva e os algoritmos de filtro (Kalman), que se baseiam em mínimos quadrados repetidos. Através da tecnologia de feedback e aprendizagem em linha, este mecanismo de coordenação proposto pode ser utilizado para programar os nós correspondentes com base nas características dos eventos. O controlador da rede neural isométrica resultante optimiza as respostas transitórias e de nível do sistema entre os actuadores. Este método adoptou um algoritmo (Filtro de Kalman) de Lista de Mínimos Quadrados para lidar com problemas de estimação de estado/parâmetros do sistema, de modo a obter uma melhor precisão. Os resultados de simulação desta proposta mostraram a sua eficácia.

Foi proposto um algoritmo em que o foco dos actuadores MIT-TA s é a atribuição de tarefas entre actuadores s, que é um dos elementos mais importantes nas WSANs. Este algoritmo é composto por duas partes, a primeira parte trata do corpo da rede e, na segunda parte, o algoritmo define a atribuição através da adição de regras e da poda e é determinado por simulação, o que torna a atribuição de tarefas e o processo de implementação mais flexíveis [27].

Surgiu um estudo sobre o carregamento do nó com o carregador sem fios. Existem alguns carregadores actuadores de alta potência na rede num cenário de carregamento sem fios para servir os nós com pouca bateria para carregamento. Mas como o efeito dos sinais desaparece devido à distância, apenas alguns nós podem distribuir bem a potência do carregador [28].

Foi estabelecido um algoritmo típico para o encaminhamento, o carregamento e o equilíbrio do consumo de energia da rede. O carregador móvel parte da estação de base no centro da rede e utiliza o método do vizinho mais próximo para visitar os nós em três anéis quadrados interiores. Ao longo das extremidades dos anéis, a parte exterior desloca-se e pára em cada vértice para carregar os nós nos anéis exteriores. Para cada anel, o quadrado é o tempo passado num determinado ponto de carregamento com o consumo médio de energia dos nós no anel [29].

Existe também um algoritmo de programação de recarga. Sugere-se que o carregador móvel determine a prioridade dos nós para este efeito. Este algoritmo utiliza dois critérios: a distância do nó e o tempo de chegada do carregador ao nó pretendido. O carregador móvel forma uma fila mista de prioridades que direcciona o carregador portátil para um nó de recarga [30]. Devido à crescente importância das RSSFs e à energia limitada do nó sensor nas redes de sensores sem fios, surgiram estudos para conceber e desenvolver sistemas de recolha de energia com elevada eficiência e elevado nível de desempenho e prever modelos que possam maximizar a energia recolhida para utilização nas RSSFs [31]. As questões mais importantes nas redes de sensores sem fios são a gestão da energia e a redução ou obtenção do consumo de energia para manter os sensores em funcionamento. Por vezes, estes nós são alimentados por baterias ligadas, mas nem sempre. As restrições associadas à capacidade limitada das baterias levaram à procura de fontes alternativas através da recolha de energia do ambiente e da transmissão de energia sem fios para um nó sensor como alternativa às baterias típicas [32].

Nas redes de sensores recarregáveis sem fios (WRSN), há investigação sobre a utilização da tecnologia de transmissão de energia sem fios para reduzir os efeitos desequilibrados das restrições espaciais e temporais impostas pelos pedidos de carregamento e pelas estratégias de programação tradicionais.

Uma proposta propõe um limiar de aviso duplo com preempção dupla (DWDP), em que são utilizados limiares de aviso duplos quando os níveis de energia restantes para manter o sensor são inferiores a determinados limiares. Os limiares de aviso podem definir prioridades de carregamento para diferentes sensores e avisar dos prazos de recarga que se aproximam [33]. Na WRSN, existem nós de carregamento sem fios (WCN) específicos, mas quais são as melhores formas de os instalar? Existe um estudo para melhorar a implantação dos nós de carregamento WCN que aumenta a cobertura e a eficiência do carregamento. É proposto o algoritmo Firefly melhorado (IFA) para a implantação de nós WCN. O IFA adopta um novo fator gravitacional adaptativo e introduz um mecanismo dinâmico de atualização da localização para melhorar o desempenho do algoritmo Firefly tradicional (FA) [34].

Há uma proposta de transferência de energia sem fios (WPT) para recarregar sensores sem fios utilizando um veículo aéreo não tripulado (UAV). Em vez de ser carregado remotamente diretamente a partir do ponto de acesso (PA), após o carregamento do drone pelo PA, este desloca-se para recarregar os sensores sem fios, o que permite obter uma eficiência energética muito superior à do esquema tradicional quando a distância de transmissão está dentro da gama crítica [35]. Há uma proposta para utilizar a recolha de energia solar ambiente para carregar a bateria do contrato. Este método enfrenta desafios, como a intermitência da energia disponível, a previsão solar, questões térmicas, a eficiência de conversão do painel solar e outras questões ambientais [36].

Em alguns estudos sobre WSANs, apesar da grande fonte de energia dos actores, esta é limitada e o seu movimento esgota os seus recursos, pelo que a redução do movimento dos actores através de uma seleção cuidadosa dos locais dos novos actores pode reduzir o movimento total do ator. Foi proposto um algoritmo para o problema da redução simultânea do alcance de transmissão necessário e do movimento de um ator. O problema é formulado utilizando a estrutura ILP. É apresentado um conjunto limitado de potenciais actores para garantir a solução óptima dentro deste grupo [37].

É proposto um novo método para reprogramar as redes de sensores e actores sem fios (WSAN) com base em redes neuronais. Esta proposta permite a reprogramação de pequenas partes do código e é independente do sistema operativo com baixo consumo de energia [38]. Alcançar a eficiência de desempenho em WSANs; só é possível com uma excelente coordenação entre sensores e actores na rede. Um estudo foca essa dimensão, que depende da análise dos dados dos sensores e de como eles se comportam no ambiente. Este estudo lida com o problema dos efeitos da mobilidade dos actores nas comunicações necessárias para a coordenação [39].

Existem propostas para a utilização de algoritmos de poupança de energia na rede, e existe um estudo sobre a utilização de um algoritmo de agrupamento assimétrico baseado no espaço e na RE para redes RSSF (USRE). O URSE prolonga a vida de ambos os lados: o primeiro é identificar alguns nós adequados para se tornarem cabeças de agrupamento (CHs) e o outro é assegurar a distribuição correcta do metanol. Os CHs estão localizados nos nós próximos dos nós circundantes (ANs) para reduzir o consumo de energia. Para além do espaçamento entre ANs, a energia residual (ER) e o número de ANs são condições para selecionar CHs. O nó com maior RE e mais ANs tem mais hipóteses de ser CH. O USRE calcula a distância mínima entre dois CHs. Se o nó estiver próximo do CH especificado, não será CH [40].

O artigo [41] propôs a utilização de actuadores em redes de sensores e actuadores sem fios para recarregar as baterias dos nós sensores que sofrem de baixos níveis de energia. Este método proposto baseou-se nas características dos actuadores em termos da sua capacidade de se deslocarem dentro da rede e de fornecerem energia, uma vez que se podem deslocar para chegar aos centros de energia e assim poderem transferir energia para os sensores. O método proposto elimina a utilização de quatro actuadores numa rede de sensores sem fios que contém 96 sensores distribuídos de duas formas (ordenada e aleatoriamente) e dois armazéns distribuídos nos diâmetros da rede que contêm nós sensores com potência total. Cada atuador pode transportar quatro sensores fornecidos por um dos armazéns. Os actuadores movem-se aleatoriamente dentro da rede, procurando sensores cujas baterias tenham diminuído e precisem de ser recarregadas - um diâmetro de 500 metros a partir do atuador. Quando o sensor se encontra a esta distância do atuador, se o seu nível de energia for inferior a um determinado limiar, uma vez que foi sugerido que 25% da energia da bateria é inferior a esta percentagem, o atuador substitui este sensor por um novo que trazia consigo. Assim, os actuadores avançam, substituindo os sensores de baixa potência por outros de potência máxima. Por outro lado, transporta sensores de baixa energia para os armazéns para serem recarregados e utilizados.

Neste método e no caso de seleção de um atuador por mais do que um sensor que esteja dentro do alcance do circuito do atuador e sofra de um baixo nível de potência, o método sugere que o atuador escolha aleatoriamente o sensor seguinte para processamento, o método de seleção aleatória nem sempre conduz à seleção óptima neste caso, a escolha do atuador pode não ser sempre verdadeira, o sensor selecionado aleatoriamente pode não ter mais importância ou prioridade do que o outro sensor, que pode ser de maior importância e prioridade, pelo que deve ser acrescentado a este método um teste de prioridade para os sensores em processamento, no caso de mais do que um sensor necessitar de processamento ao mesmo tempo e a partir do mesmo atuador. Também é possível tirar partido da presença de mais do que um atuador na rede para estabelecer uma cooperação entre eles para lidar com estes casos.

Além disso, o movimento aleatório dos sensores dentro da rede pode nem sempre ser correto, especialmente se existirem áreas importantes na rede cujos sensores devem ser tratados antes de outros devido à sua importância. Os actuadores podem mover-se em direção a sensores que podem não sofrer de problemas de energia, enquanto, ao mesmo tempo, existem outros sensores localizados noutra direção da rede que sofrem de baixa energia. E como é sabido que a demora dos actuadores em chegar aos sensores no momento certo pode levar a danos na bateria, o seu movimento em direção a sensores que não sofrem de problemas de energia é uma perda de tempo, pelo que este método deve ser modificado adicionando e sugerindo o caminho que os actuadores devem tomar para processar os sensores da rede de acordo com a necessidade de energia dos sensores e áreas da sua presença. O movimento dos actuadores deve ser informado pelos sensores que sofrem de problemas de energia e não pelos actuadores que estão à procura dos sensores para que não haja perda de tempo durante o movimento dos actuadores.

2.3. Inferência

Através de uma revisão de investigações e estudos, torna-se evidente a importância das redes de sensores e actuadores sem fios na vida do ser humano e o papel importante que desempenham e irão desempenhar num futuro próximo, pois irão contribuir para a resolução da maioria dos problemas e para a realização de tarefas que eram difíceis de executar em locais e momentos que por vezes podem ser perigosos, bem como através destas Redes permitem ao ser humano obter informações altamente precisas e altamente eficientes sobre as áreas em que foram abrangidas.

Para além dos muitos e grandes benefícios das redes de sensores e actuadores sem fios, estas redes sofrem de limitações e factores que afectam o seu desempenho ou, por vezes, a rede falha na sua função para a qual foi concebida. Entre essas limitações está a falta de fiabilidade das redes sem fios, a interação em tempo real, a coordenação e a cooperação entre sensores e actuadores e entre os próprios actuadores. Um dos problemas mais proeminentes e mais importantes que a rede enfrenta é a energia limitada nos nós sensores, que, em caso de diminuição, leva à falha do nó e, por conseguinte, à falha da rede.

Por conseguinte, é necessário encontrar soluções adequadas e práticas, que devem ser pouco dispendiosas, pois podem levar a um aumento significativo dos custos, especialmente se as redes forem constituídas por milhares de nós de sensores e actuadores.

Na minha tese, apresento um novo algoritmo que pode encontrar uma excelente coordenação cooperativa na rede de sensores e actuadores sem fios para resolver o problema dos baixos níveis de energia nos nós sensores da rede de sensores e actuadores sem fios, especialmente se mais do que um nó sofrer de um problema de baixo nível de energia ao mesmo tempo e precisar de ser recarregado ou substituído e espalhado em vários locais importantes da rede. O algoritmo utiliza actuadores para recarregar ou substituir os nós danificados por novos. Ou seja, movendo os actuadores para atingir o momento certo para manter os sensores que sofrem do problema de baixa potência para evitar que todos os nós sensores falhem devido ao seu consumo de energia. O algoritmo também pode prever se a rede precisa de adicionar mais actuadores à rede se os actuadores actuais não conseguirem satisfazer todas as necessidades dos nós sensores na rede.

Este algoritmo pode resolver o problema da baixa potência na rede de sensores e actuadores sem fios sem acrescentar custos adicionais à rede. Este algoritmo estabelece uma coordenação cooperativa conjunta entre os actuadores e os sensores e entre os actuadores na WSAN. Este algoritmo também pode ser utilizado para realizar outras tarefas na rede para além de resolver o problema da energia.

Capítulo III: Método proposto

3.1. Introdução

Neste capítulo, explicarei os passos, o método de trabalho e o ambiente em que o algoritmo proposto pode funcionar. O trabalho do algoritmo consiste em resolver o problema do baixo nível de energia das baterias dos sensores, enviando os pedidos de processamento destes sensores para um dos centros de controlo que estão estabelecidos dentro da rede de sensores e actuadores sem fios, onde os centros de controlo organizam estes pedidos de processamento de acordo com prioridades em termos da importância do sensor, da quantidade de eventos do sensor e do nível de baixa energia das baterias do sensor e do sensor se afastam do centro de controlo, e após definir as prioridades, o centro de controlo propõe um processo cooperativo distribuído pelos actuadores localizados perto dele para realizar operações de processamento dos pedidos em toda a rede e de acordo com as prioridades dos pedidos. Os centros de controlo estão ligados ao centro de recolha de dados sem fios.

O algoritmo proposto funciona nas redes de sensores e actuadores sem fios, em que a capacidade dos actuadores de se deslocarem dentro da rede é aproveitada para substituir os sensores que sofrem de falta de carga da bateria a um nível baixo (15%) por novos sensores com baterias totalmente carregadas (100%) que o atuador transporta consigo a partir dos armazéns localizados nos centros da rede. Os armazéns da rede são dedicados ao armazenamento, manutenção e carregamento dos sensores danificados que perderam a carga da bateria para serem reutilizados dentro da rede, transferindo-os pelos actuadores. O processo de substituição começa com um pedido dos sensores que sofrem do problema de bateria fraca, e o tratamento ocorre através da deslocação dos actuadores que receberam pedidos dos centros de controlo ou das suas localizações na rede para as localizações desses sensores para os substituir por um novo sensor com uma bateria totalmente carregada.

3.2. Como funciona o algoritmo proposto

Ficou claro que o grande problema que as redes de sensores sem fios sofrem é a perda de energia dos nós sensores devido ao Consumo resultante, os sensores trabalham na deteção e transmissão de eventos, e existem muitos estudos e pesquisas realizadas no campo da redução do consumo de energia e do aumento da vida útil das baterias. Estas investigações e estudos fizeram várias propostas neste domínio e tiveram em conta o tipo de rede de sensores, o método da sua disseminação e o tipo de baterias utilizadas.

Para explicar e clarificar o modo de funcionamento do algoritmo proposto, temos de começar por falar de algumas questões básicas e importantes que conduzirão ao sucesso da rede de sensores sem fios no seu desempenho e à consecução do objetivo para o qual foi criada e à plena utilização da rede. Por outro lado, também temos de falar de alguns obstáculos e aspectos negativos que podem não ser notados no início, mas que levam à obstrução do trabalho da rede e à relutância em atingir o objetivo para o qual foi criada. Entre estes factores e os aspectos básicos que devem ser tidos em conta no início da criação da rede, contam-se

- Locais para implantar e distribuir nós sensores na área a estudar ou para monitorizar eventos na mesma. Em primeiro lugar, os sensores devem ser distribuídos de acordo com o objetivo para o qual a rede de sensores sem fios foi criada, para estudar e recolher dados sobre a mesma. Por exemplo, nas redes de monitorização de sismos, os nós sensores devem ser instalados perto das zonas onde se prevê a ocorrência de um sismo. Isso não significa que os sensores não sejam implantados noutros locais próximos dessas áreas. A partir daqui, é evidente que há zonas de maior importância do que outras na área a estudar e para as quais foi criada a rede de sensores sem fios. Uma vez que os acontecimentos nestas zonas têm maior importância do que noutras, isto significa que os sensores localizados nestas zonas importantes são mais importantes do que outros para manterem a continuidade do seu trabalho de monitorização contínua dos acontecimentos importantes que ocorrem nesta parte importante da rede, uma vez que qualquer avaria ou desligamento dos sensores nestas zonas significa a perda de dados relativos a acontecimentos importantes que ocorreram nesta parte importante da rede.

- Os sensores podem ser regularmente instalados nas RSSF e dispostos; por vezes, os sensores são distribuídos aleatoriamente em função do objetivo e do tipo de dados recolhidos e dos estudos efectuados sobre eles.

– Existem diferentes formas de recolher e encaminhar os dados enviados pelos sensores e de os transmitir para os centros de receção de dados ou para os protocolos de encaminhamento da rede de sensores sem fios.

– As fontes de energia dos sensores também variam consoante o tipo de sensores, pois há sensores equipados com baterias que, quando se esgotam, têm de ser substituídas por novas baterias, enquanto há outros sensores cujas baterias são recarregáveis, pelo que, quando o nível de energia da bateria desce, pode ser recarregada novamente.

Nesta investigação, vou apresentar um novo método para um algoritmo que funciona em vários tipos de redes de sensores sem fios, em termos da forma como os sensores estão implantados, do tipo de baterias utilizadas ou das áreas em que os sensores estão implantados. Para esclarecer este ponto, e antes de explicar o funcionamento do algoritmo proposto, é necessário mostrar a topologia e a forma de encaminhamento dos dados nas redes de sensores sem fios e, em seguida, ao descrever o funcionamento do algoritmo, será evidente que o algoritmo pode funcionar em vários tipos de redes de sensores sem fios. Entre eles:

1. Método de distribuição de sensores

   - Organizado. Os nós sensores são distribuídos em distâncias e áreas específicas. Por exemplo, redes estabelecidas em cidades para monitorizar ruas.

   - Aleatórios. Os nós sensores são implantados na área a estudar de forma aleatória, por exemplo, redes para estudar fenómenos naturais.

2. O método de encaminhamento ou os protocolos de transmissão de dados numa rede de sensores sem fios.

3. O tipo de fonte de energia utilizada pelos nós sensores

   - Pilhas não recarregáveis.

   - Baterias recarregáveis com fios.

   - Baterias recarregáveis sem fios.

4. Tipo de nós sensores.

   - Corrigido.

- Mudança.
5. Topologia das redes de sensores sem fios.
6. Sensores mais importantes.
7. Domínios mais importantes.

3.3. Topologia das redes de sensores sem fios

As redes de sensores sem fios são um grupo de sensores ligados sem fios e implantados em determinados locais para estudo e recolha de dados. Está ligado a um centro principal de receção desses dados, tal como outras redes que podem ser criadas ou concebidas de várias formas e topologias. A topologia dos métodos de comunicação entre os sensores entre si e com o centro de recolha de dados é de diferentes formas, como se segue:

a. Método de comunicação ponto-a-ponto.

Nesta topologia, a ligação entre os sensores é direta, pelo que qualquer sensor pode ser ligado a qualquer outro sensor sem necessitar de um hub central. Assim, qualquer sensor pode ser um servidor ou um cliente, havendo apenas um canal. Esta topologia está muito difundida nas redes de sensores sem fios. Figura 3.3-1 mostra a topologia de uma ligação ponto a ponto.

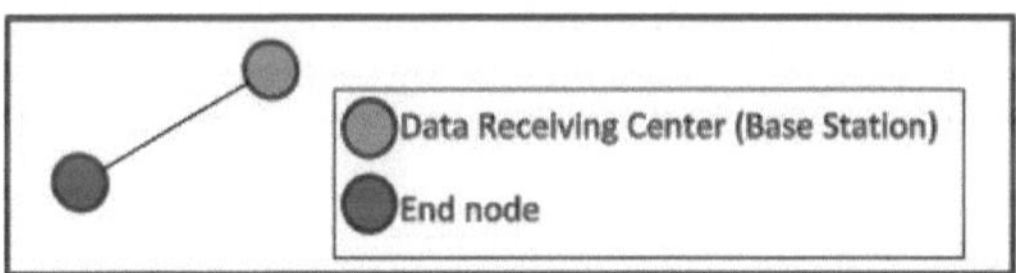

Figura   3.3-1. Topológica é uma ligação ponto-a-ponto.

b. Método de comunicação Star.

Nesta estrutura, a ligação dos sensores ao centro de receção de dados destes dispositivos associados deve estar dentro do alcance da comunicação sem fios, de modo a que os dados recolhidos sejam transferidos dos sensores para o centro e não haja comunicação direta entre outros sensores. Este método permite reduzir o tempo de transmissão dos dados dos sensores remotos para o centro de receção de dados. O centro de receção de dados tem de dispor de um alcance de comunicação sem fios entre ele e os sensores associados, porque depende da comunicação direta entre ele e o nó sensor. A vantagem deste método é a poupança de energia, mas a dimensão da rede depende do alcance da transmissão sem fios e do número de sensores ligados ao centro de receção de dados. Figura 3.3-2 mostra uma ligação topológica em estrela.

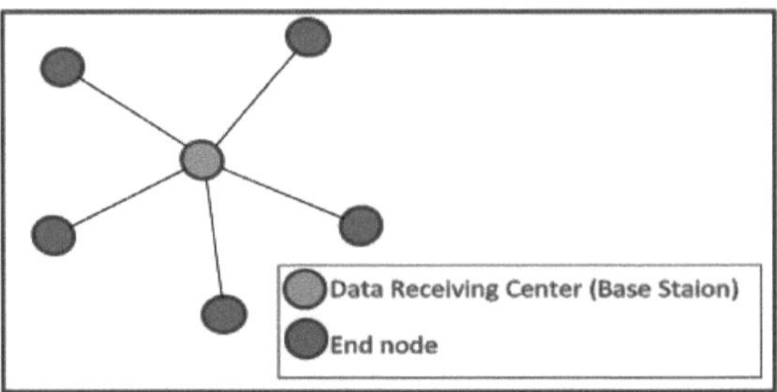

Figura   3.3-2. Ligação topológica em estrela.

c. Método de comunicação em árvore

Este método é um processo de fusão dos dois métodos de comunicação ponto-a-ponto com o método de comunicação em estrela. A origem da árvore ou eixo é o sensor central e os outros sensores estão ligados a ele como folhas a partir das quais os dados são transferidos para o eixo principal. Este método é designado por método da árvore em cascata, em que os dados são transferidos dos sensores periféricos para o nó sensor associado, localizado no topo destes dispositivos, até se atingir a ligação ao centro de receção de dados. Neste método de ligação, é possível obter o menor consumo de energia possível, e caracteriza-se pela facilidade de expansão e de deteção de erros, mas uma das suas desvantagens é que depende da força da ligação entre os sensores e o centro. Toda a rede entra em colapso se a sua ligação se perder. Figura 3.3-3 mostra uma árvore topológica de contacto.

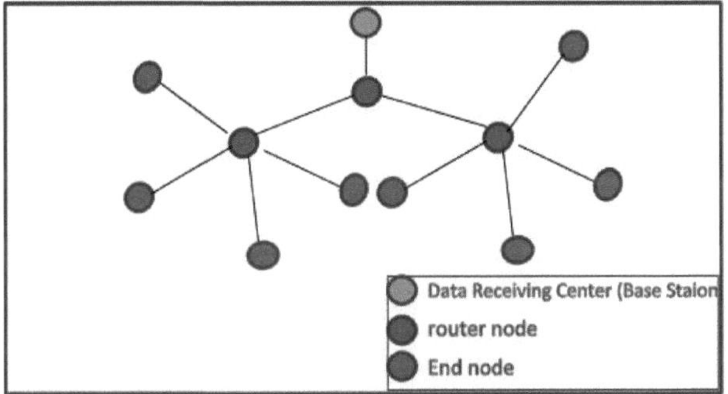

Figura   3.3-3. Contacto topológico da árvore.

d. Método de comunicação em malha

Este método liga todos os sensores entre si sem necessitar de um dispositivo que actue como um hub para os restantes sensores. A comunicação é feita entre sensores no mesmo raio de comunicação sem fios, mas se o sensor precisar de enviar dados para um sensor fora do raio de comunicação sem fios, tem de utilizar um sensor intermédio para reenviar os dados para o sensor remoto. A ligação da rede de sensores é a forma mais fácil e mais fiável, e os erros podem ser detectados e isolados. Mas é o método mais complexo e que consome mais energia.

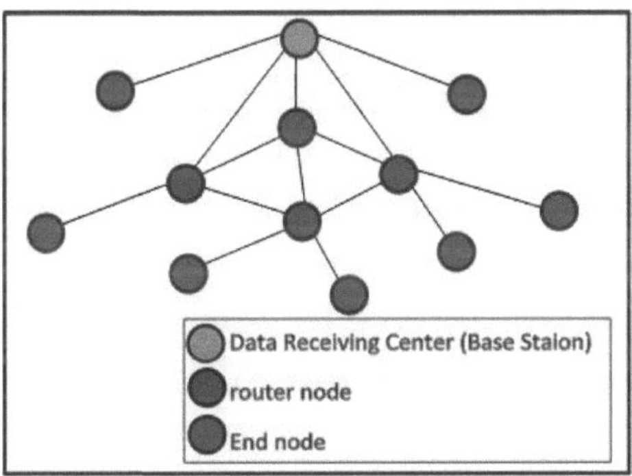

Figura   3.3-4. Comunicação em malha topológica.

3.4. Nós mais importantes

Do exposto, é evidente que, nas redes de sensores sem fios, há sensores que são mais importantes do que outros e há um aumento da sua eficácia

41

superior à dos restantes, como acontece nas redes ligadas a uma árvore ou nos métodos de comunicação em malha.

Uma vez que o grande desafio das redes de sensores sem fios, que pode levar a um mau desempenho da rede ou mesmo ao seu fracasso, é a energia fornecida para manter os sensores. Uma vez que os sensores são colocados em locais diferentes de acordo com o benefício desejado para o estabelecimento da rede, pode acontecer que alguns sensores sejam colocados e implantados em locais distantes de fontes de energia, e assim a sua energia deve ser mantida o maior tempo possível. Os protocolos de repetição são concebidos e criados para direcionar os dados da melhor forma possível para manter o prolongamento da energia dos sensores e a velocidade de transmissão dos dados para o centro de recolha de dados o mais rapidamente possível. Por exemplo, o método da árvore de clusters (Clustering) significa que cada grupo de sensores tem um chefe de cluster para o qual são transmitidos os dados destes sensores e, por sua vez, este nó principal (ch) destes sensores está ligado a outro nó da rede e assim sucessivamente até estar ligado ao centro de receção de dados. Este método é bom e rápido na transferência de dados e na redução do consumo de energia em todos os sensores. No entanto, surge aqui outro desafio na rede, que é o facto de o nó mestre ou cluster head (ch) se ter tornado mais importante do que os outros porque é o centro de receção de dados de um grupo de outros nós sensores, pelo que será mais eficiente e mais rápido no consumo de energia, de acordo com a sua localização na rede e a sua proximidade do centro de receção de dados. Por isso, tornou-se muito necessário manter a energia deste nó (ch) e evitar uma diminuição do nível de energia neste nó, o que pode levar à sua morte e, consequentemente, dos dados de todos os nós a ele ligados e, por vezes, ao colapso de toda a rede, principalmente se estes nós principais (ch) estiverem próximos do centro recetor de dados, pois quanto mais próximo o nó estiver do centro recetor de dados, mais eficaz ele é devido ao grande número de dados que transmite de todos ou da maioria dos nós sensores da rede para o centro recetor de dados. Uma das soluções para este problema pode ser especificar antecipadamente o nó principal e fornecer-lhe uma bateria com uma potência maior e mais forte do que a dos restantes sensores associados. Esta solução não significa que o nível da bateria não diminua, mesmo que tenha mais energia do que os outros. Devido a eventos e à transmissão de dados, esta energia irá diminuir e atingir um nível muito perigoso que deve ser resolvido antes que a bateria se esgote e, consequentemente, o nó principal morra. Além disso, em algumas redes, o nó cluster head (CH) não é pré-determinado, podendo mudar de um sensor para outro, e é selecionado de acordo com a sua localização ou com a localização da quantidade de eventos na rede.

Por conseguinte, o nó CH será um dos sensores. O nó chefe do cluster é eleito e os restantes sensores são ligados. Neste caso, o seu consumo de energia duplicará e, por conseguinte, a sua bateria esgotar-se-á e consumir-se-á mais rapidamente do que o resto dos sensores, pelo que deve ser tratado rapidamente antes dos outros sensores para manter o processo de agrupamento, preservando a cabeça do agrupamento. Do exposto, é de notar que existem nós sensores de maior importância do que o resto dos outros nós, pelo que devem ter prioridade no caso de tratamento de um nível baixo de energia da bateria. Figura 3.4-5 mostra o método da árvore de agrupamento e a importância do nó chefe do agrupamento.

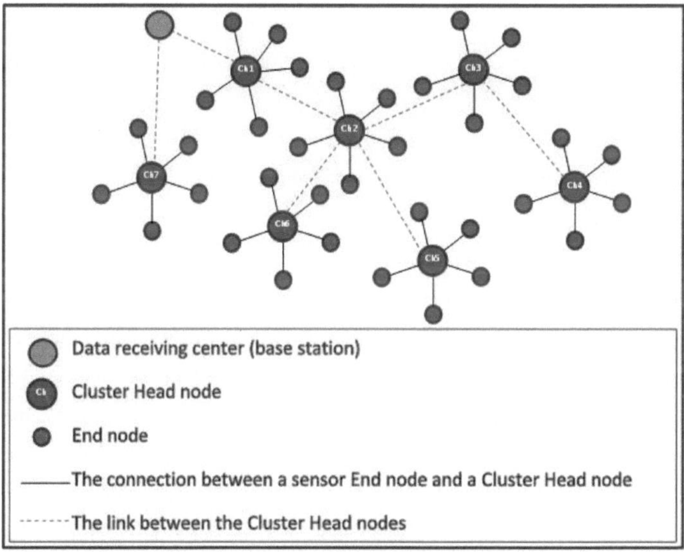

Figura 3.4-5. Um desenho que mostra o método da árvore de grupos (clustering) e a importância de um nó chefe de grupo.

A partir da figura acima, a figura 3.4-5 mostra o método de ligação da comunicação da árvore de clusters nas redes de sensores sem fios e apresenta os nós de sensores periféricos ligados a um nó CH. Os nós de cabeça de cluster transferem os dados dos sensores associados para o centro de receção de dados, onde todos os dados dos sensores são recolhidos no nó CH e depois transferidos para o centro de receção de dados para beneficiar destes dados recolhidos. Se um nó CH estiver longe do centro de receção de dados, pode ligar-se a outro nó chefe de agrupamento até que a comunicação com o centro de receção de dados seja feita através do nó CH mais próximo. A partir daqui, torna-se clara a importância do nó chefe de agrupamento e é muito importante que este nó seja preservado de danos ou da perda de energia da bateria e, consequentemente, da perda de grandes quantidades de dados ou mesmo do colapso de toda a rede, se todos os nós sensores da rede estiverem ligados através de um nó chefe de agrupamento final ao centro de receção de dados. Considerando que, como mostra a figura 3.4-6, o nó CH ch1 é o nó principal que liga a maioria dos sensores da rede ao centro de receção de dados. Consequentemente, o colapso deste nó (ch1) significa a perda da maioria dos eventos e dados que os sensores detectam e transmitem ao centro de receção de dados através deste nó principal do cluster. A partir daqui, torna-se claro que o nó chefe de agrupamento ch1 é um nó importante que deve ser processado antes dos outros se chegar a uma fase que exija processamento e enviar um pedido nesse sentido, uma vez que o seu pedido é processado antes dos outros.

Este algoritmo proposto pode resolver este problema. O trabalho do algoritmo consiste em dar prioridade ao processamento dos nós sensores que são mais importantes do que outros, uma vez que devem ser processados em primeiro lugar, e só depois os restantes sensores são processados. Por exemplo, se houver uma rede que dependa do método de clustering na implantação de nós sensores. O nó chefe do agrupamento de sensores recebe uma marca que o distingue dos outros, uma vez que se tornou um nó sensor importante. Enquanto a rede está a funcionar e a detetar eventos e a transmiti-los para os centros de receção de dados, estes sensores começam a perder energia e continuam a consumir energia para estes nós até atingirem um nível que tem de ser processado antes de morrerem. De acordo com este algoritmo proposto, os nós sensores enviam pedidos que precisam de ser processados e escolhem o atuador mais próximo que está localizado no centro de controlo mais próximo, quando o atuador recebe estes pedidos, examina os pedidos e processa os pedidos dos nós sensores que foram marcados como nós sensores importantes antes dos outros e depois processa os outros sensores. Porque não é lógico nem correto que um nó sensor morto seja processado antes do nó CH ao qual este nó e outros nós sensores estão ligados, porque atrasar o processamento do nó CH pode levar à sua morte e, assim, ao colapso da rede ou de parte dela.

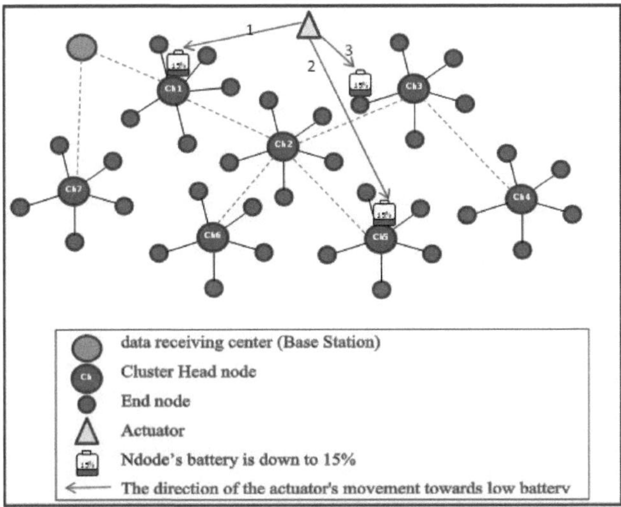

Figura   3.4-6. Um desenho que mostra o movimento do atuador para processar os nós sensores de acordo com a prioridade.

O movimento e o processamento do atuador são assim:
- Um sensor envia um pedido de processamento para o atuador mais próximo no centro de controlo
- O CH envia um pedido de processamento ao mesmo no centro de controlo
- O centro de controlo recebe pedidos de processamento
- O centro de controlo organiza os pedidos de acordo com a importância do nó e com base na velocidade, distância e tempo
- O atuador processa o pedido do chefe de agrupamento em primeiro lugar e os restantes pedidos em segundo lugar

No caso de mais do que um pedido com pedidos importantes de sensores, o algoritmo resolve este problema utilizando a cooperação entre os actuadores nos centros de controlo na rede, enviando outros pedidos a outros actuadores para os processarem antes de morrerem. Os actuadores recebem os pedidos e deslocam-se para os nós sensores para os processarem. Assim, o nó importante, o nó CH e o resto dos sensores que sofriam do problema de bateria fraca não estavam a morrer. Figura 3.4-7 mostra a cooperação dos actuadores no processamento de todos os pedidos dos nós sensores.

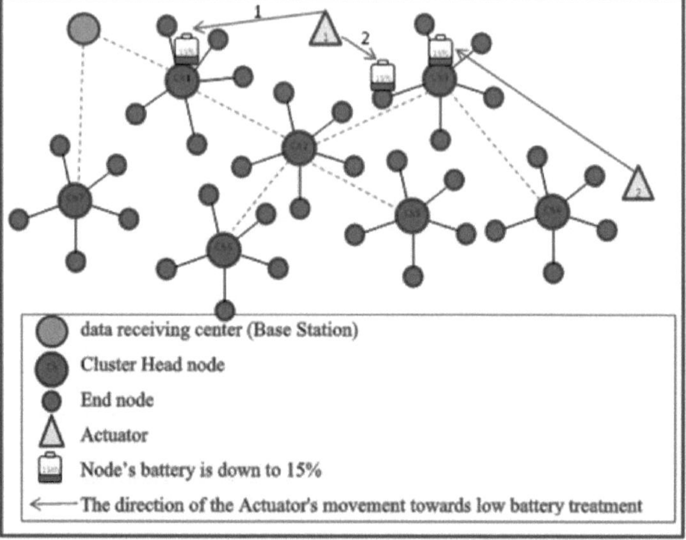

Figura 3.4-7. A cooperação entre os actuadores para processar todos os pedidos de nós sensores.

3.5. Domínios mais importantes

Sabe-se também que, ao observar e acompanhar algumas circunstâncias ou casos específicos que se pretendem estudar ou ao estudar as variáveis que ocorrem em alguns locais, sabe-se que os acontecimentos nem sempre são iguais em todas as regiões. Por vezes, alguns desses acontecimentos são mais importantes do que outros. Por exemplo, nas RSSF criadas para fins militares, os nós sensores devem ser distribuídos e implantados em locais bem estudados e com um estudo militar aprofundado. Por conseguinte, as zonas de maior importância do que outras aparecerão na mesma rede após a elaboração destes estudos militares.

A qualidade e a quantidade de eventos são a base para determinar a importância das áreas. Os eventos que ocorrem nestas áreas serão significativos e devem ser detectados e transferidos para o centro de receção e processamento de dados o mais rapidamente possível e sem demora para poderem ser aproveitados ao máximo, pois sabe-se que alguns eventos importantes, se não forem tratados a tempo, perderão a sua importância. Os resultados serão insatisfatórios, pelo que é necessário dar aos sensores que transmitem estes eventos importantes mais prioridade, atenção e importância do que outros e preservá-los de perderem a sua energia, pelo que a morte do sensor e a perda de dados foi muito importante.

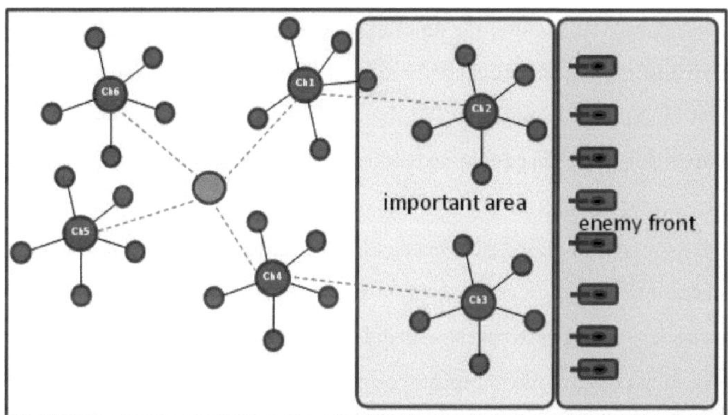

Figura   3.5-8. As áreas importantes da rede de sensores sem fios.

Figura 3.5-8 mostra uma rede de sensores sem fios que monitoriza os movimentos do inimigo. Os sensores foram distribuídos perto da frente inimiga e colocados nas áreas da retaguarda que não estavam em contacto direto com a frente inimiga. A partir desta figura acima, é clara a importância de manter os sensores ligados ao cluster head ch2 e ch3, porque estão localizados numa área importante da rede, onde os dados e eventos enviados por estes sensores são mais importantes do que os dados e eventos enviados pelos nós sensores associados ao cluster head ch5 e ch6, por isso é muito importante processar os pedidos dos sensores localizados na área importante que sofrem de um nível de bateria baixo antes dos outros para evitar a perda de dados e eventos importantes no caso da morte destes sensores devido à perda de energia da bateria.

Outros exemplos de redes com áreas de importância diferente são as redes de sensores que são colocadas para detetar catástrofes naturais como terramotos, vulcões, inundações e outros fenómenos naturais, uma vez que os sensores próximos do centro do evento são mais importantes do que outros.

Pelo exposto, deve haver uma forma de manter os sensores a funcionar de forma contínua e permanente, especialmente os nós sensores localizados em zonas vitais da rede. Na minha proposta, o algoritmo proposto enfatiza o tratamento dos sensores de importância antes dos outros. Os sensores que se situam nas zonas importantes são identificados e recebem uma marca que os distingue dos outros para dar prioridade ao tratamento antes dos outros e preservar os dados de grande interesse na rede.

O processamento de sensores em áreas importantes é feito desta forma:

- Um sensor envia um pedido de processamento para os centros de controlo mais próximos.

- Um sensor envia um pedido de processamento e está localizado numa área importante dos mesmos centros de controlo.

- O sensor na área importante recebe uma marca que o distingue como um sensor importante.

- Os centros de controlo recebem pedidos de processamento.

- Os centros de controlo organizam os pedidos de acordo com a importância do nó e com base na velocidade, distância e tempo.

- O atuador processa o pedido do nó sensor da área importante em primeiro lugar e os restantes pedidos em segundo lugar.

Se o movimento do atuador para processar os nós sensores importantes antes dos outros fizer com que o atuador se atrase em relação ao resto dos sensores, causando a sua morte, então os centros de controlo enviam estes pedidos a outros actuadores para realizarem o processo de processamento. Os actuadores movem-se para completar o resto dos pedidos. Assim, o algoritmo foi capaz de evitar que os sensores localizados em áreas importantes da rede, que detectam e transmitem dados de grande importância na rede, morressem.

3.6. Princípios básicos do algoritmo

Os princípios básicos em que o algoritmo funciona são os seguintes:

1. Os nós sensores são os que dão conhecimento do movimento dos actuadores, pelo que o movimento dos actuadores será sempre útil e não aleatório.

2. Os actuadores estão localizados em centros de controlo designados para

eles na rede, onde os pedidos são recebidos e as prioridades são definidas.

3. Para encurtar o tempo, é necessário escolher o atuador que percorre o caminho mais próximo para alcançar o sensor alvo.

4. Existem sensores mais importantes do que outros, pelo que o algoritmo dá a esses sensores importantes, que estão localizados em locais de grande importância dentro da mesma rede, prioridade no tratamento e proteção contra perdas de energia e danos, o que leva à perda de dados de grande importância para o objetivo para o qual a rede foi estabelecida

5. Processamento de sensores que enviam mais notificações do que outros devido ao número de eventos que enviam e, por conseguinte, mais dados e mais úteis para a rede em troca de uma perda de energia mais rápida devido ao grande consumo de energia para uma grande quantidade de dados, pelo que estes sensores devem ter mais prioridade do que outros devido à quantidade de dados que são fornecidos à rede, que é muito útil para o sucesso do objetivo para o qual a rede foi criada e devido ao rápido consumo de energia da bateria, que leva à morte rápida deste sensor e, consequentemente, à perda de grandes quantidades de dados, pelo que o algoritmo dá prioridade a estes sensores na sua substituição ou recarga o mais rapidamente possível, antes que seja tarde demais.

6. Alguns sensores podem não enviar muitos dados em comparação com outros. No entanto, os dados que enviam podem ser mais importantes do que outros, e mesmo que sejam menos do que alguns sensores que enviam mais dados na mesma rede, por exemplo, em redes de sensores sem fios que são estabelecidas em campos de batalha para monitorizar os movimentos de veículos ou pessoas, os sensores que estão perto do inimigo são mais importantes do que os que estão longe, pois o movimento que é detetado pelo sensor próximo do inimigo é mais útil do que os sensores que estão longe do inimigo, pois os eventos detetados por sensores que estão longe do alvo principal da rede de sensores sem fios, e se são muitos, mas a sua utilidade e importância são menores do que os eventos monitorizados por sensores próximos do evento, mesmo que sejam menos. Com este algoritmo é possível identificar os sensores importantes que têm prioridade no processamento.

7. Para os sensores que perderam completamente a sua potência e ficaram

danificados, o algoritmo dá a estes sensores a máxima importância para os substituir por novos.

Este algoritmo é proposto para substituir os nós sensores deficientes com bateria fraca por novos nós com baterias totalmente carregadas. O algoritmo pode recarregar baterias de baixa capacidade e recarregáveis, e os actuadores deslocam-se entre o sensor alvo e as fontes de energia em vez de armazéns. A funcionalidade de carregamento sem fios pode manter os sensores, aproximando os actuadores muito perto do sensor alvo e recarregando-o sem fios. Assim, é possível resolver o problema de alguns nós sensores se afastarem da fonte de carregamento sem fios, uma vez que a fonte de carregamento sem fios é o próprio atuador. Mas como se sabe que o processo de recarga demora mais tempo, foi sugerido substituir o sensor com uma bateria de baixo consumo de energia por um novo com uma bateria carregada para aproveitar o tempo.

3.7. Etapas do algoritmo

Componentes, partes, dispositivos, ambiente e objetivo do algoritmo

3.7.1. Componentes e conceitos na WSAN

1. Sensores: Nós de sensores espalhados e implantados aleatoriamente ou organizados dentro de uma determinada rede e ligados sem fios, cada um deles está equipado com uma bateria como fonte de energia.
2. Actuadores: Pequenos robôs que se podem mover dentro da rede de sensores sem fios e que têm a capacidade de comunicar sem fios com o centro de receção de dados e com todos os sensores. Estão localizados em locais designados para eles na rede, chamados centros de controlo.
3. Armazéns: São armazéns localizados dentro da rede, cujo objetivo é fornecer aos actuadores sensores com baterias completas. E estar próximo dos centros de controlo.
4. Centros de controlo: Estes centros estão localizados dentro da rede e perto dos armazéns e estão distribuídos de forma a estarem próximos de todos os sensores. Os centros de controlo contêm actuadôres que podem ser deslocados pela rede para cumprir os pedidos de

processamento. Da mesma forma, no centro de controlo, são determinadas as prioridades para o processamento dos pedidos e a organização do movimento dos actuadores.

5. Centro de receção de dados ou estação de base: É o computador ou servidor no qual são armazenados todos os dados de eventos transmitidos pelos sensores e onde são efectuadas as operações. Está ligado aos centros de controlo da rede.

6. Zonas importantes da rede: São zonas onde os eventos são mais importantes do que outros, quer pela sua abundância quer pela sua importância, e onde os sensores são mais importantes do que outros.

7. O caminho mais curto que o atuador percorre é o caminho mais curto entre o sensor e os actuadores. Considerando que existe mais do que um atuador na rede, o sensor escolhe o atuador que segue o caminho mais próximo.

8. Sensores transportados pelo atuador: São quatro sensores que o atuador pode levar consigo do armazém para substituir os sensores danificados.

9. Prioridade no processamento: quando o algoritmo sugere o processamento de sensores de interesse antes de outros.

3.7.2. consumo de energia dos sensores

Depois de o sensor começar a trabalhar na deteção e transmissão de eventos, inicia-se o processo de consumo de energia da sua bateria. Com diferentes níveis e velocidades de consumo de energia da bateria, dependendo da eficácia do sensor e do número de eventos transmitidos. Continuando os eventos e a eficácia dos sensores, o consumo de energia da bateria continua até atingir um nível baixo. Os sensores continuam a consumir energia à medida que os eventos e a eficácia dos sensores aumentam, até o consumo da bateria atingir um nível muito baixo. Toda a bateria do sensor pode perder energia, a bateria morre e, assim, o sensor deixa de funcionar na rede. Os eventos dessa área onde o sensor se encontra serão perdidos se não for tratado rapidamente e no momento certo e substituído por um novo sensor com a bateria cheia para evitar essa paragem ou divisão na rede e a perda de um conjunto de eventos que podem ser de grande importância no centro de receção de dados. No algoritmo proposto, se a energia da bateria do sensor estiver a ser consumida, foi sugerido um determinado limite para o nível de energia da bateria deste sensor, que é de 15%. Encontrar os centros de controlo mais próximos na rede para lhe enviar o pedido, como mostra a figura 3.7-9.

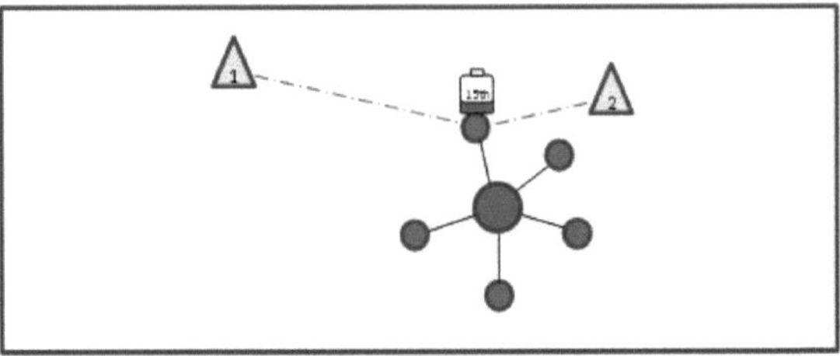

Figura 3.7-9. O limite de carga da bateria do sensor atingiu 15% e procura os actuadores mais próximos.

O pedido que o sensor envia para o atuador contém informações sobre a localização do sensor na rede, a percentagem de bateria fraca, a velocidade de consumo da bateria, o tempo que o atuador deve atingir antes que seja tarde demais e a bateria descarregada, bem como a importância desse sensor na rede, que é determinada de acordo com a área em que se encontra. Se for importante, todos os sensores que contém têm mais importância e prioridade do que os restantes sensores existentes noutras zonas de menor importância. Se for um nó chefe de cluster, é mais importante do que os outros sub-sensores associados a ele. Suponhamos que os eventos que o enviam são muito grandes, o que pode levar a um consumo mais rápido da bateria. Após o sensor identificar os Actuadores candidatos em centros de controlo candidatos a realizar o processo de tratamento (substituição) e enviar o seu pedido para esse centro de controlo candidato, o sensor continua a realizar o seu trabalho desde o processo de deteção e transmissão de eventos até que o atuador chegue a tempo de realizar o tratamento desse sensor, ou seja, o processo de substituição do mesmo por um novo que foi transportado pelo atuador, onde é colocado o novo sensor para substituir a bateria antiga perdida e ligá-lo à rede e continuar o processo de deteção e transferência de dados.

3.7.3. Tarefas dos actuadores no algoritmo

O atuador é um robô ou nó móvel dentro da rede de sensores sem fios que se pode deslocar dentro da rede, e estes nós actuadores podem transportar e transferir sensores prontos a usar, cuja bateria está totalmente carregada a 100%, dos seus locais de armazenamento nos armazéns para os locais de pedidos de substituição de sensores danificados que precisam de ser substituídos na rede.

Neste algoritmo proposto, é utilizada a capacidade dos actuadores para se deslocarem dentro da rede e acederem ao armazém e a diferentes locais da rede. Esta capacidade é utilizada para deslocar sensores com a bateria totalmente carregada, ir buscá-los a locais designados como armazéns e substituí-los por sensores que perderam a bateria na rede. Os actuadores são agrupados em locais específicos da rede, denominados centros de controlo, de modo a que estes centros sejam distribuídos de forma a estarem próximos da maioria dos sensores da rede.

3.8. Fases de processamento do algoritmo

As etapas de processamento do algoritmo são as seguintes:

1. Enviar pedidos de processamento (substituição)

    Onde no início do trabalho da rede de sensores sem fios, o local e a localização destes actuadores são junto aos centros de controlo e armazéns, e após a rede funcionar e os sensores consumirem a sua energia e atingirem o limiar de carga da bateria (15%), são enviados pedidos de tratamento (substituição). O atuador recebe um pedido de tratamento do sensor, que contém os detalhes do nó sensor (localização, percentagem de consumo da bateria e importância desse sensor). O atuador só pode receber quatro pedidos para quatro sensores porque o atuador neste algoritmo proposto só pode transportar quatro sensores prontos para substituição.

Os actuadores recebem pedidos dos sensores através dos centros de controlo. Mostrou também que cada atuador só pode receber um máximo de quatro pedidos durante o seu movimento, e pode receber menos do que isso e mover-se para processamento.

Quando o atuador tem apenas um pedido, o atuador desloca-se para o local do sensor que enviou o pedido. Através da informação enviada pelo sensor no seu pedido, em termos do seu local, da sua localização na rede, da sua importância, do nível de carga da bateria fraca, do tempo necessário para o atuador chegar ao seu local e efetuar o tratamento antes que a bateria se esgote completamente e o sensor morra, o atuador desloca-se a uma determinada velocidade, por exemplo, (1) quilómetro por hora em direção a este sensor alvo. Quando o atuador atinge o local deste sensor alvo, executa imediatamente o tratamento (substituição deste sensor que perdeu a sua energia, por um novo sensor com uma bateria de capacidade total). O atuador utiliza um dos sensores prontos (quatro) que transporta no processo de substituição e transporta também o sensor danificado (perda de energia) consigo para o devolver a um dos armazéns da rede para o recarregar (ou reparar) para ser utilizado novamente. Depois de substituir o sensor alvo, o número de sensores prontos para substituição transportados por este atuador diminui em um (passam a ser 3).

Caso o atuador se desloque para efetuar o processamento de um dos pedidos e o seu percurso seja muito próximo de um sensor que necessite de processamento e não tenha prioridade no processamento e o tempo não afecte o atraso do atuador no cumprimento dos restantes pedidos básicos, este pode processar este sensor próximo e depois continua a deslocar-se em direção aos restantes sensores para processar os seus pedidos. Depois de completar o processamento do pedido do sensor alvo, e se o atuador não tiver outros pedidos, o atuador desloca-se para o centro de controlo mais próximo (armazém) e substitui os sensores utilizados no processamento, e coloca os sensores danificados ou descarregados para recarregar a sua bateria no armazém para serem novamente utilizados. O atuador permanece perto do centro de controlo e do armazém até receber pedidos de processamento dos sensores.

Se o atuador receber mais do que um pedido de processamento de mais do que um sensor, o movimento do atuador será de acordo com a prioridade dos sensores que enviaram pedidos de processamento. Onde as prioridades são organizadas para estes pedidos de acordo com o algoritmo de prioridade.

2. Algoritmo de prioridade de processamento

Através da informação do sensor dentro dos pedidos de processamento que enviou ao atuador, o algoritmo de prioridade organiza os pedidos, tendo em conta as seguintes questões

    a. A importância do sensor

    b. O número de eventos sensoriais enviados pelo sensor

    c. Nível de bateria fraca do sensor

    d. Distância entre o sensor e o centro de controlo

O algoritmo de prioridade organiza os pedidos primeiro de acordo com a importância do sensor, em que o pedido do sensor mais importante é processado em primeiro lugar, depois são processados os sensores que detectam e enviam mais eventos do que outros, depois os sensores cujo nível de energia da bateria é mais baixo, e depois são processados os sensores mais próximos do atuador do centro de controlo, e assim por diante.

Após a priorização do processamento dos pedidos de sensores enviados para o substituir, a trajetória e o movimento do atuador será pela ordem de prioridade, pois este desloca-se primeiro para o local e localização do sensor, que tem ordem n.º. 1 nas prioridades de processamento. Depois de processar este pedido, desloca-se em direção ao local e localização do sensor que tem ordem n.º. 2 em prioridades de processamento, e assim sucessivamente, até completar os quatro pedidos e seguir para o armazém do centro de controlo.

O atuador permanece próximo do centro de controlo e do armazém. Caso não tenha nenhum pedido de substituição, aguarda a receção de novos pedidos para se deslocar novamente para efetuar outras operações de substituição e também de acordo com a prioridade no processamento dos pedidos dos sensores. O atuador pode receber quatro pedidos de quatro sensores, sendo que os pedidos estão dispostos por ordem de prioridade como mostra a tabela -31 abaixo:

Tabela -31. Organizar os pedidos por ordem de prioridade

| Important sensors |
| Sensors sense more events |
| Sensors which it's power level is lower |
| Sensors that are closer to the actuator |

Estas condições aplicam-se aos quatro pedidos e estão organizadas de modo a que o primeiro a ser processado seja o que preenche todas as condições e, a seguir, o que preenche algumas delas, e assim sucessivamente, de modo a que o sensor que não preenche qualquer condição seja o último pedido de sensor a ser processado. O teste do atuador para o pedido de sensor é o seguinte (importante, alto evento, sensores com menos queda de energia, sensores mais próximos do centro de controlo). Assim, o sensor importante e a prioridade no tratamento é aquele que preenche todas as condições (1, 1, 1, 1). E o último pedido é o sensor que não preenche as condições acima (0, 0, 0, 0).

A ordem de prioridade no processamento desta forma ajuda muito a manter a continuidade da rede, realizando o seu trabalho da melhor forma possível, evitando a perda de dados de eventos importantes que têm um papel efetivo na realização do trabalho da rede e na consecução do objetivo para o qual a rede de sensores sem fios foi estabelecida e reduzindo a perda de dados ao mínimo possível.

O processamento de sensores importantes na rede é muito necessário para ser uma prioridade da rede, porque os eventos detectados por esses sensores são de grande importância e um grande benefício para atingir o objetivo para o qual a rede de sensores foi construída. No caso de haver um pedido de processamento de um sensor importante e outro pedido de processamento de outro sensor menos importante, o atraso no processamento do sensor menos importante não afecta significativamente o desempenho da rede, mesmo que o atraso leve ao esgotamento da bateria deste nó sensor, que pode ser substituída mais tarde, em comparação com o caso do atraso no processamento do sensor importante, o atraso no processamento deste sensor importante pode levar a que a bateria fique completamente esgotada antes que o atuador chegue para efetuar o processo de substituição. Por conseguinte, este sensor morre e fica inoperacional nesta área importante da rede e, consequentemente, perdem-se dados de eventos importantes que podem ocorrer e que não foram registados e enviados no momento certo. Isto conduz a maus resultados ou, por vezes, a um impacto negativo nos resultados finais desta rede.

Quanto aos sensores que enviam mais dados do que os outros, a percentagem de consumo da sua bateria é mais rápida e maior do que a dos outros devido à sua elevada eficiência, que exige um consumo de energia, pelo que o atraso no processamento dos pedidos destes sensores pode levar ao esgotamento da bateria rapidamente antes de o atuador chegar a ele e, assim, à morte do sensor e, consequentemente, à perda de grandes quantidades de dados de eventos neste local da rede. É muito importante tratar estes sensores antes dos outros para evitar a perda de dados e muitos eventos. Em comparação com os sensores com menos eventos, a percentagem de consumo de energia é menor e, mesmo que ocorra um atraso nestes sensores e leve à sua morte, a morte destes sensores não leva à perda de muitos dados, tal como os dados que serão perdidos no caso de um atraso em sensores que detectam muitos eventos.

Quanto aos sensores que têm um nível de bateria mais baixo que os outros, tem prioridade no processamento o mais rápido possível, pois o atraso do atuador nestes sensores pode levar ao esgotamento da bateria completa deste sensor, pelo que deve ter prioridade no processamento do pedido que enviou ao centro de controlo. Quanto ao processamento dos sensores que estão mais próximos do atuador ou que estão no início da trajetória de movimentação do atuador, é considerado o melhor caminho que o atuador pode seguir para processar os pedidos, pois desta forma, a trajetória do atuador será determinada a partir do sensor mais próximo e depois o próximo, e assim sucessivamente para que não haja perda de tempo durante a movimentação do atuador, pois ele se deslocará com um caminho fixo entre os sensores para realizar e atender todos os pedidos.

3.8.1. Fluxograma do algoritmo

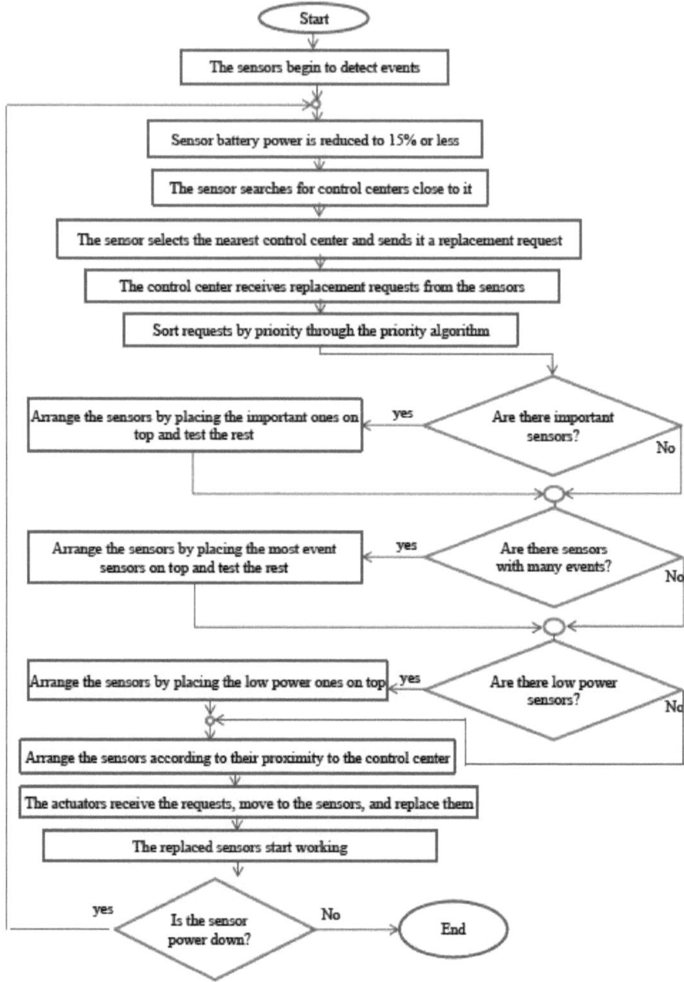

3.8.2. Armazéns

Os armazéns são distribuídos em áreas específicas da rede como centros de controlo para que os armazéns estejam próximos de todos os sensores, como centros de rede, e no caso de existirem áreas importantes, os armazéns e centros de controlo podem ser colocados nelas, bem como perto de áreas com muitos eventos para estarem próximos dos sensores durante o movimento dos actuadores a partir delas e para os sensores. Figura 3.8-10 ilustra a localização dos armazéns na rede de sensores sem fios.

O principal objetivo dos armazéns é fornecer um sensor pronto a ser substituído para o processamento dos actuadores para transportar e substituir os sensores danificados. Além disso, o sensor danificado e a sua bateria tinham perdido a carga e foram trazidos actuadores para o reparar, recarregar e voltar a utilizá-lo na rede.

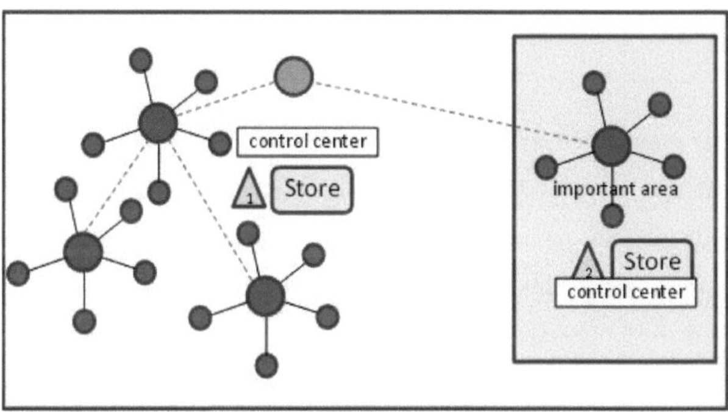

Figura   3.8-10. Localização dos armazéns na rede e zonas importantes da rede.

3.9. Simulação do algoritmo proposto

Para aplicar o algoritmo proposto e conhecer a sua eficácia, e avaliar o seu desempenho, vou simular as redes de sensores e actuadores sem fios no MATLAB, executar a rede e aplicar-lhe o algoritmo proposto para descobrir como o algoritmo pode lidar com a rede e como resolver o problema da bateria fraca nos nós sensores e como o algoritmo pode manter a continuidade do nó sensor com A importância na rede, bem como manter os sensores que alimentam a rede de sensores sem fios com muitos eventos que ocorrem em áreas vitais na rede. Além disso, através deste algoritmo proposto, o resto dos outros sensores dentro da rede pode ser preservado.

Depois de simular o funcionamento da rede de sensores sem fios e actuadores, e de o algoritmo ter começado a funcionar na rede, o desempenho do algoritmo e a sua eficiência de desempenho podem ser avaliados através dos resultados da simulação, que se situam na capacidade de o algoritmo resolver o problema da presença de nós sensores em que o nível de carga da bateria diminuiu para menos de 15% ou que perderam toda a carga da bateria em 0%.

Deve ser substituído o mais rapidamente possível por novos sensores com a bateria totalmente carregada, para evitar a perda de muitos dados ou a ocorrência de uma fratura na rede, o que leva à falha de parte da rede ou, por vezes, ao colapso de toda a rede. O algoritmo também pode ser avaliado mantendo a taxa mais elevada de eventos que a rede consegue detetar e recolher, apenas quando a maioria dos sensores da rede está ativa. Além disso, o desempenho do algoritmo é avaliado pela sua capacidade de manter os sensores que enviam dados importantes para a rede.

3.9.1. Criar e estabelecer a WSAN

Na realidade, as redes de sensores são um grupo de nós sensores ligados sem fios e distribuídos numa área pré-determinada para estudar ou recolher dados para vários fins. Estes dados dizem respeito a eventos que ocorrem na área para a qual se pretende recolher dados. Estes sensores são concebidos para detetar estes eventos, tais como imagens de movimento, temperatura, humidade, ou outros, uma vez que o sensor converte estes eventos em dados e envia-os para o centro de recolha de dados para os recolher e beneficiar dos mesmos. Os sensores são distribuídos de acordo com as áreas onde se espera que ocorram eventos, ou por vezes são distribuídos aleatoriamente se não houver uma perceção prévia das áreas onde os eventos ocorrem.

No MATLAB, a área que contém a rede de sensores sem fios será simulada num quadrado com dimensões de 1000 metros de altura por 1000 metros de largura, ou seja, um quilómetro quadrado. Quanto aos nós de sensores sem fios, assume-se que existem 100 nós de sensores sem fios distribuídos como pontos nesta suposta rede.

O método de distribuição dos sensores dependerá do método aleatório, uma vez que este não especifica um local específico na rede para a ocorrência de eventos. No entanto, será em toda a rede, e a adoção do método aleatório na distribuição dos nós sensores é mais complexa e difícil de manter e controlar os nós sensores do que no método de distribuição ordenada e regular. Por isso, quando o algoritmo proposto é aplicado a este método de distribuição, o seu sucesso na manutenção da rede significa o seu sucesso no resto dos outros tipos de redes. Inicialmente, todos os nós sensores terão as baterias totalmente carregadas, ou seja, a carga da bateria está completa (100%). Será atribuída uma cor verde a este nó sensor para indicar que o nível de carga da bateria é adequado para o seu trabalho.

Existem nós importantes na rede cuja importância é determinada e distinguida dos outros, quer pelo grande número de eventos que transmitem, quer pela qualidade e importância dos eventos. Foi simulado dando um sinal significativo ao sensor que detecta demasiados eventos, e o que transmite dados de grande importância é escolhido aleatoriamente. Quanto aos eventos que ocorrem na rede e afectam a carga da bateria do nó sensor, serão simulados através da realização de efeitos que afectam o nível de carga da bateria.

Os eventos na realidade real são algumas alterações que afectam o sensor e o transformam em dados e depois os transmitem. Detetar o evento, convertê-lo em dados e transmiti-lo. Estas operações afectam o consumo da bateria do sensor. Quanto mais eventos forem detectados, maior será a percentagem de consumo de energia da bateria. O efeito de um único evento no nível de energia da bateria é muito pequeno, mas o sensor detecta constantemente dados para muitos eventos e transmite esses eventos e a passagem de um longo período de tempo no sensor na recolha de dados leva a uma diminuição e consumo no nível de energia da bateria. Este modo de funcionamento dependerá apenas do impacto dos eventos no consumo de energia da bateria. Para aproximar o efeito dos eventos na energia do sensor, um único evento será um pacote de dados que afecta 1% da energia da bateria. Ou seja, o consumo de energia da bateria será devido a eventos desta forma:

A percentagem do nível de energia da bateria é de 100%

O efeito do evento no consumo da bateria é de 1%.

Energia da bateria após o evento = Energia atual da bateria - 1%

Para facilitar o processo de cálculo e reduzir o tempo

Nesta rede, espera-se que ocorram entre zero e 25 eventos por dia para cada nó sensor, e a distribuição destes eventos é aleatória para todos os nós sensores da rede. Um dos sensores pode detetar 5 eventos por dia, outro 10, e outros 22 ou 25, ou não deteta qualquer evento, o que significa que não há eventos para este sensor, e assim por diante para todos os nós sensores da rede.

O método baseou-se na simulação dos tempos na rede, repetindo o processo mais do que uma vez, e cada iteração representa um dia inteiro para os sensores na rede, uma vez que detecta eventos nesse dia e transmite dados, e a bateria dos nós sensores é afetada devido a esses eventos. E porque o efeito de um único evento (assumido neste método de simulação) no nó sensor pode consumir uma percentagem da energia da bateria, foram adoptados 30 dias para executar a rede e testar o algoritmo.

A adoção destes números para representar os acontecimentos visa clarificar o processamento e facilitar os cálculos, bem como reduzir o tempo de execução do programa de simulação. Quando este algoritmo é adotado na vida real, lida com os números e os tempos na rede de sensores sem fios.

Nesta rede virtual, foram instalados e identificados dois locais na rede para serem um centro de controlo e a localização dos actuadores e armazéns da rede. A determinação dos pontos de controlo deve ser deliberada e precisa para que todos os nós sensores da rede sejam controlados de forma adequada. Prestar atenção à seleção dos centros de controlo conduz a uma rapidez na conclusão do processamento e a uma redução do tempo de conclusão da tarefa realizada pelos actuadores para satisfazer os pedidos dos sensores.

A localização dos centros de controlo nesta rede foi adoptada da seguinte forma

Uma vez que a área coberta pela rede de sensores sem fios é quadrada e o comprimento do lado é de 1000 metros, o quadrado é dividido em dois triângulos e, a partir do centro do quadrado, metade do comprimento da reta que liga o vértice do ângulo reto ao centro do quadrado é calculado como sendo o centro do primeiro triângulo. Da mesma forma, o centro do segundo triângulo é determinado.

Uma vez que o comprimento do lado do quadrado é 1000.

Depois de determinar as localizações dos centros de controlo na rede, a rede

é ligada e começa a detetar eventos. Devido aos eventos, consome a energia das baterias dos sensores.

3.9.2. Funcionamento em rede

O funcionamento de uma rede de sensores sem fios é simulado através da criação de iterações de um conjunto de eventos que afectam um nó sensor. Cada iteração representa um dia inteiro com um conjunto aleatório de eventos distribuídos por todos os sensores. Cada nó sensor é selecionado e o número de eventos que detecta é determinado. A partir do número de eventos detectados, obtém-se a percentagem de consumo de energia da bateria do sensor. E como descrito abaixo:

Suponhamos que um dos sensores, os eventos que detecta e que afectam a energia da sua bateria, são de [0-25] eventos, pelo que a quantidade de eventos é escolhida aleatoriamente. Se os eventos, por exemplo, forem (5) eventos, então há um efeito de 5% na energia da bateria para este sensor, e assim por diante. Se não forem detectados quaisquer eventos, não há qualquer efeito no nível de bateria de 0%.

À medida que os eventos se repetem todos os dias, o nível da bateria do sensor diminui até atingir um nível perigoso. Este nó de sensor com um nível baixo de energia da bateria deve ser abordado rapidamente antes que a energia da bateria se esgote completamente, o sensor morra e os dados para eventos nesta localização do sensor sejam perdidos.

Neste método, considerei que o limite que a bateria atinge a partir do seu nível baixo é de 15%, e o nó sensor envia uma notificação do pedido de processamento. Se a carga da bateria atingir este nível, deve ser tratada o mais rapidamente possível. E como há diferentes níveis de eventos que afectam os sensores, por vezes a percentagem de energia da bateria é ligeiramente superior a 15%, mas devido a um grande número de eventos, desce para menos de 15% antes de enviar o pedido. Por exemplo, pode haver um sensor cujo nível de energia da bateria é de 17%, e os eventos do sensor afectaram-no no dia seguinte em 10%. Neste caso, a bateria cairá para uma percentagem muito perigosa. Por conseguinte, no método, foi adotado que a percentagem é igual ou inferior a 15% para que o nó sensor envie um pedido de processamento.

Depois de o nível da bateria descer para menos de 15%, procura o centro de controlo mais próximo para lhe enviar um pedido de processamento, que contém informações sobre a localização do sensor, o nível da bateria, o tempo que falta para a bateria se esgotar completamente e a importância deste sensor. A duração da bateria depende da quantidade de energia dividida pela taxa de consumo de energia.

$$T = Ah/A \ (1)$$

Tempo de descarga da bateria = capacitância principal da bateria por hora/corrente de carga. Neste método, o número de eventos foi adotado como uma carga efectiva sobre a capacidade da bateria, o tempo restante até a bateria estar totalmente descarregada = potência atual da bateria/quantidade de eventos desencadeados

Os sensores enviam os seus dados para os centros de controlo. Nesta rede, foram assumidos dois centros de controlo, distribuídos nos centros dos diâmetros da rede, através dos quais são recebidos os pedidos dos sensores para processamento, onde são efectuadas algumas operações sobre esses pedidos para determinar a prioridade no processamento.

3.9.3. Envio de pedidos de processamento, definição de prioridade e criação do algoritmo

Os sensores que necessitam de processamento procuram os centros de controlo na rede e escolhem o centro de controlo mais próximo para enviar o pedido de processamento.

Os centros de controlo recebem pedidos de processamento dos nós sensores, que contêm informações suficientes sobre o sensor em termos da sua localização, da quantidade de eventos que detecta, da sua importância na rede e do nível de carga da bateria do sensor. De acordo com esta informação, o centro de controlo organiza os pedidos dos sensores de acordo com a prioridade, como se segue:

1. Em primeiro lugar está o processamento de sensores importantes
2. Em segundo lugar está o processamento de sensores com muitos eventos
3. Em terceiro lugar está o processamento de sensores que têm o nível mais baixo de energia da bateria

4. Em quarto lugar está o processamento dos sensores mais próximos e seguintes

A definição de prioridades mantém o restabelecimento de sensores importantes o mais rapidamente possível, bem como de sensores que detectam muitos eventos, a partir do retrabalho destes sensores para recolher estes dados o mais rapidamente possível, e também para manter que as baterias muito fracas dos nós sensores não morram antes que seja tarde demais, e para processar os sensores mais próximos e depois os mais distantes para manter o aproveitamento do tempo de movimento dos actuadores e não perder tempo.

3.9.4. Movimento dos actuadores

O algoritmo começa por analisar os pedidos de processamento dos sensores, acciona os centros de controlo para fazer a prioritização e prepara os actuadores para o movimento de processamento dos pedidos dos sensores.

Após o processamento prioritário, o centro de controlo divide os pedidos de sensores em duas partes (direita) sensores localizados à direita do centro de controlo e (esquerda) sensores localizados à esquerda do centro de controlo.

Dividir o centro de controlo dos pedidos dos sensores à direita e à esquerda de acordo com a sua localização a partir do centro de controlo ajuda muito a não perder tempo durante a movimentação dos actuadores, pois por vezes os sensores têm importância e prioridade numa direção do centro de controlo e os outros na outra direção, o que leva à movimentação dos actuadores indevidamente em ambas as direcções. Por isso, foi muito importante configurar os actuadores para se deslocarem para a direita do centro de controlo e os outros actuadores para a esquerda, para poupar tempo e reduzir o movimento dos actuadores na rede.

De acordo com o número de pedidos no centro de controlo, os actuadores são preparados para realizar operações de processamento. Neste método, assumiu-se que os actuadores podem processar quatro pedidos num só movimento, pelo que o número de actuadores é determinado dividindo o número de pedidos pelo número de sensores que os actuadores podem processar. As informações dos sensores que precisam de ser processadas são dadas e distribuídas aos actuadores e determinam o seu movimento para a direita ou para a esquerda do centro de controlo, após o que os actuadores se deslocam para as localizações dos sensores alvo de acordo com a prioridade. Os actuadores deslocam-se diretamente para o primeiro nó sensor, ou seja, o que tem prioridade no processamento, e depois para o segundo sensor até que os quatro pedidos sejam processados. Regressa ao centro de controlo, trazendo os sensores danificados para serem reparados e utilizados novamente, e os actuadores permanecem no centro de controlo até chegarem outros pedidos. Em alguns casos, quando o atuador chega ao primeiro sensor, o outro sensor pode estar muito longe do primeiro, e os outros terceiro e quarto sensores estão perto do primeiro sensor. O movimento dos actuadores do primeiro sensor para o segundo leva a que os actuadores se afastem dos restantes sensores que ficaram com ele e depois voltem para eles. O sensor com a segunda prioridade é testado para resolver este caso. O tratamento dos actuadores do terceiro ou quarto sensores não afecta o estado do segundo sensor? Os actuadores processam os sensores próximos deles, mesmo que não sejam prioritários. Mas se o seu tratamento destes sensores afetar o sensor com prioridade, os actuadores deslocam-se diretamente para esse sensor e depois voltam aos restantes. E da seguinte forma:

- O atuador deslocou-se para o primeiro sensor
- O segundo sensor está afastado do primeiro sensor
- O terceiro e o quarto sensores estão mais próximos do primeiro sensor
- Segundo teste do sensor
- O sensor é importante? O sensor alimenta a rede com demasiados eventos e o tempo de acesso do gatilho ao sensor é igual ou próximo do tempo em que a bateria do sensor se esgota?

A seguinte relação calcula o tempo de chegada do atuador ao sensor alvo:

$$Time = distance/speed \ (2)$$

A distância entre o atuador e o sensor alvo na rede = a distância entre o ponto do atuador e o ponto do sensor alvo

$$Distance\ between\ two\ points = \sqrt[2]{(x_1 - x_2)^2 + (y_1 - y_2)^2} \ (3)$$

Se a resposta for sim, os actuadores movem-se de acordo com a prioridade. Mas se a resposta for não, então o movimento do atuador é de acordo com o mais próximo, depois o que se segue relativamente ao primeiro nó sensor.

Depois de os actuadores cooperarem e de forma distribuída por toda a rede, de todos os pedidos dos sensores terem sido processados, e de se manterem a devolver os nós importantes e a continuidade da receção dos muitos eventos na rede, então os actuadores deslocam-se em direção aos centros de onde foram lançados, carregados de sensores danificados que perderam a sua energia, que transportaram das suas zonas de presença para serem reparados e trocarem as suas baterias para voltarem a utilizá-las na rede no caso de receberem novos pedidos.

3.9.5. Saída do algoritmo

Após a repetição do processo durante um conjunto de dias, o output do programa será constituído por formulários e gráficos que contêm os resultados da simulação, o método do algoritmo e os sensores que foram processados, bem como o número de sensores vivos e mortos em cada dia, e ficheiros Excel que contêm dados da rede de centros de controlo, actuadores, sensores, a sua importância e o número de eventos detectados em cada dia.

3.9.6. Avaliação e desempenho do algoritmo

A avaliação do desempenho do algoritmo depende da sua capacidade de manter a continuidade da rede de sensores sem fios e da sua capacidade de processar sensores importantes. Esta avaliação é feita através da leitura dos resultados do algoritmo, dos ficheiros de saída e de simulação.

3.10. Simulação do algoritmo em MATLAB

3.10.1. A WSNA começou a trabalhar

Após completar a distribuição dos nós sensores em todas as áreas da rede de sensores, inicia-se o processo de simulação de eventos, que serão repetidos mais de uma vez em todos os sensores da rede. Por exemplo, 30 vezes, que é para simular o funcionamento da rede durante um período de 30 dias. Este número é hipotético apenas para clarificar o trabalho do algoritmo e acelerar a apresentação dos resultados, mas na realidade real, os sensores continuam durante muito tempo até começarem a atingir um estado de declínio significativo da bateria fraca, mas nestas simulações, estes números serão assumidos para acelerar a apresentação dos resultados.

Além disso, os nós dos sensores sem fios estão ligados sem fios e o alcance da comunicação sem fios para o sensor é limitado e não tem grandes alcances. Por conseguinte, os sensores, depois de se ligarem uns aos outros, que estão dentro do alcance da transmissão sem fios para outros sensores e formam uma rede sem fios entre eles, o sensor transmite os dados recolhidos por cada sensor, passando-os entre os seus campos sem fios até serem entregues e recolhidos no centro de recolha de dados.

Por conseguinte, o nó sensor que perdeu a energia da bateria pode enviar o seu pedido de processamento para os centros de controlo com os dados que envia, caso detecte os eventos. Satisfazer o pedido do nó sensor alvo. Figura 3.10-11 abaixo representa a rede de sensores e os actuadores sem fios no início do trabalho.

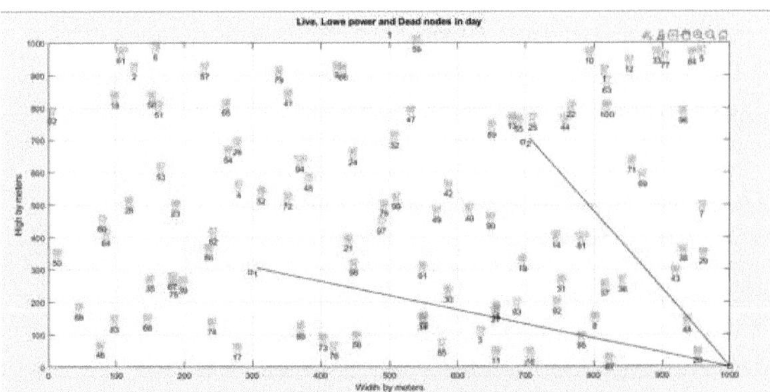

Figura 3.10-11. O primeiro dia da rede após a sua criação.

Figura 3.10-11 demonstra uma rede de sensores e actuadores sem fios com dimensões de 1000× 1000 metros quadrados. Os nós de sensores estão distribuídos aleatoriamente pela rede e são representados por pequenos círculos verdes, em que o número azul por baixo de cada nó de sensor representa o número e a identidade desse sensor. O número verde por cima de cada nó sensor representa a energia da bateria desse sensor. Este número muda continuamente porque o nó sensor é afetado por eventos, o que leva a uma diminuição da energia da bateria, pelo que a quantidade deste número é representada. Suponha que o nível de carga da bateria desce para 15% ou menos. A cor deste número muda para vermelho, e a cor do nó sensor torna-se vermelha. Mas se o nível de energia da bateria cair para 0%, a cor deste número e a cor do nó sensor mudarão para preto.

No canto inferior direito, no ponto (0,1000), o pequeno quadrado preto representa o centro de receção de dados. Este está ligado sem fios aos centros de controlo da rede. As linhas pretas representam o processo de comunicação entre o centro de receção de dados da rede e os centros de controlo. Todos os dados são transferidos e recolhidos neste centro.

Esta rede pressupõe dois centros de controlo ligados ao centro de recolha de dados. O primeiro centro de controlo situa-se no ponto (300,300), representado por um pequeno triângulo amarelo, enquanto o segundo centro de controlo se situa no ponto (700,700). A escolha destes locais para colocar os centros de controlo tem por objetivo obter as distâncias mais próximas possíveis de todos ou da maioria dos nós sensores.

Os actuadores serão accionados dentro destes centros de controlo para cumprir os pedidos de processamento.

Os centros de controlo podem comunicar com os sensores da rede sem fios, e os sensores podem enviar pedidos de substituição a esses centros. Após receber os pedidos dos centros de controlo, o centro de controlo analisa esses pedidos de acordo com a informação enviada com o pedido e através do algoritmo de cooperação proposto. O número de actuadores que devem ser deslocados para satisfazer todos estes pedidos é determinado tendo em conta a velocidade dos actuadores durante a sua deslocação, uma vez que se assumiu que a velocidade dos actuadores é de 20 quilómetros por hora.

Além disso, existe um armazém perto de cada centro de controlo para fornecer novos sensores prontos a usar e baterias totalmente carregadas transportadas pelos actuadores para satisfazer os pedidos de sensores que perderam a carga da bateria ou que estão danificados. Os actuadores transformam os sensores que perdem a carga da bateria ou que estão danificados das suas localizações na rede para o armazém para serem reparados e utilizados novamente. Na figura acima, estes armazéns são representados por dois quadrados azuis perto de cada centro de controlo.

Depois de ter passado mais um dia na rede, o que significa que a segunda iteração começou, ocorrerão outros novos eventos, que os sensores detectarão e afectarão um aumento do consumo de energia da bateria. Figura

3.10-12 abaixo mostra como mais um dia se passou na rede.

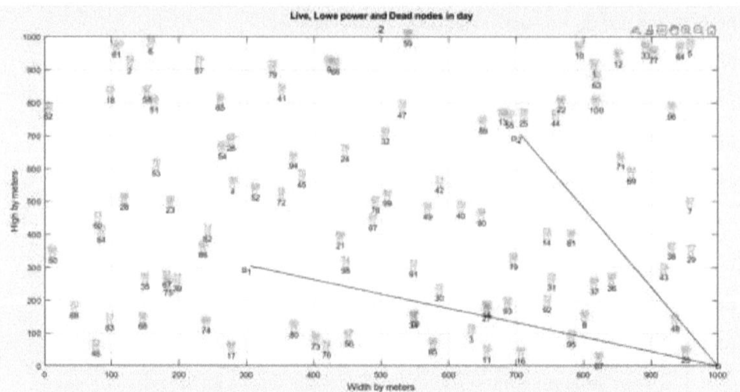

Figura   3.10-12. A passagem de um segundo dia para a rede.

Um dia após os eventos, nota-se uma diminuição do nível de energia das baterias dos sensores devido ao consumo que ocorreu devido à deteção dos eventos na rede.

Por exemplo, no sensor nº 86, no primeiro dia, o nível de energia da bateria era de 85, e depois de consumir uma percentagem da bateria devido aos eventos que detectava, o nível da bateria desceu para 60 no dia seguinte. O mesmo se aplica ao sensor no. 79, onde a carga da bateria foi de 82 para se tornar 72 no dia seguinte devido ao impacto e consumo da bateria devido a eventos de sensores neste nó de sensor. Assim, o resto dos sensores diminuíram a sua bateria em diferentes proporções e de acordo com o número de eventos detectados por cada nó sensor. Por outro lado, há sensores em que a energia da bateria não se alterou devido à ausência de eventos detetados por esses sensores. Por exemplo, no sensor no. 61, a percentagem de energia restante da bateria é de 100 no dia seguinte, e não se alterou porque não há nenhum evento que afecte o consumo da bateria. No mesmo caso, o nó no. 96, a quantidade de energia nele contida não se alterou devido à ausência de eventos na proximidade deste sensor.

Com o passar dos dias e a ocorrência de cada vez mais eventos, os sensores continuam a descarregar as baterias. Figura 3.10-13 mostra a baixa potência das baterias dos sensores.

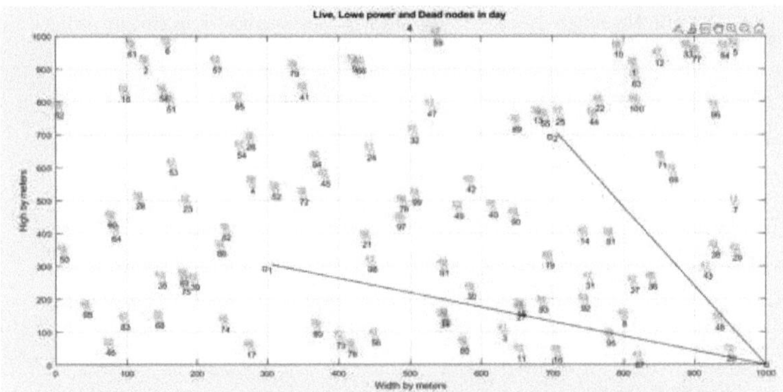

Figura   3.10-13. O quarto dia da rede e a bateria dos sensores está fraca.

Na figura 3.10-13 acima, é possível ver que alguns níveis de bateria diminuíram significativamente. Por exemplo, no sensor n.º. 79, a energia da bateria diminuiu para 39, e no sensor n.º 82, o nível de energia da bateria diminuiu para 35. 82, o nível de energia da bateria diminuiu para 35, enquanto no sensor n. 68, o nível de energia da bateria atingiu 20.

A continuação dos eventos leva a um consumo contínuo, e o facto de o sensor atingir um nível baixo de carga da bateria pode ser perigoso se não for tratado a tempo. O método proposto assume um limite para que a bateria envie um pedido de substituição a um dos centros de controlo próximos do sensor. O suposto limite do nó sensor é de 15% ou menos. Se a carga da bateria atingir este nível, envia um pedido de substituição. Na figura 3.10-14, há um grupo de sensores em que o nível de energia da bateria diminuiu para menos de 15% devido ao consumo resultante dos eventos dos sensores.

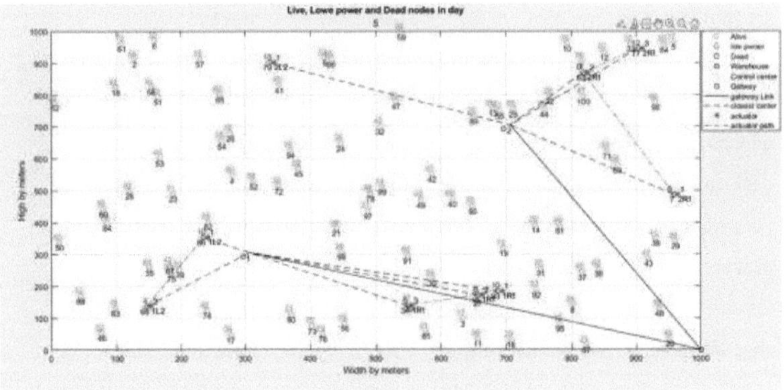

Figura   3.10-14. No quinto dia da rede, os sensores com baterias fracas enviam pedidos aos centros de controlo.

Figura 3.10-14 mostra que alguns sensores atingiram o nível de carga da bateria de 15% ou menos. Por este motivo, procura o centro de controlo mais próximo para enviar um pedido de substituição. Este pedido contém informações sobre o sensor em termos de coordenadas da sua localização na rede, a sua importância, o número de eventos que detecta, a carga restante da bateria e o tempo de que necessita antes de a bateria se esgotar completamente, em função da carga atual da bateria e do número de eventos detectados, longe do centro de controlo.

Os centros de controlo recebem todos os pedidos de processamento enviados pelos sensores, analisam-nos e dão-lhes prioridade de acordo com a informação enviada com cada pedido.

Depois de definir as prioridades no processamento, os centros de controlo determinam as localizações destes sensores em termos de direção relativamente ao centro de controlo. O centro de controlo divide os pedidos de sensores em duas partes. A primeira secção é uma lista de pedidos para os sensores localizados à direita do centro de controlo. A segunda secção é uma lista de pedidos para os sensores localizados à esquerda do centro de controlo. Dividir os pedidos desta forma ajuda muito a beneficiar da redução do tempo para os actuadores chegarem ao sensor alvo e a não desperdiçar o movimento dos actuadores à direita e à esquerda do centro, uma vez que o movimento do atuador será num só sentido. Após determinar as prioridades e as localizações dos sensores alvo, é necessário determinar o número de actuadores que devem ser movidos e as direcções em que estes actuadores se movem.

Os centros de controlo dão esta informação aos actuadores para que estes se preparem para se deslocarem para satisfazer os pedidos dos sensores, uma vez que esta informação é transmitida a cada atuador para que este se possa deslocar em direção ao sensor alvo com base nesta informação. O processo de procura dos sensores para os centros de controlo enviarem o pedido de processamento e a escolha do mais próximo.

Os actuadores são representados neste trabalho sob a forma de estrelas roxas, e a cada atuador é atribuído um número por baixo que representa o número do atuador, uma letra para a direção do seu movimento e o número do seu centro de controlo, por exemplo (1R1) significa que os actuadores n.º (1) se deslocam para a direita do Centro de Controlo n.º (1). (1). Acima dos actuadores está um número que representa o número do pedido ou a prioridade no processamento dos pedidos. Por exemplo, se o número acima dos actuadores (1) significa que os actuadores devem mover-se primeiro em direção ao pedido do sensor alvo de primeira importância, e se for (2), então este sensor é o proprietário deste pedido, o segundo sensor Os actuadores podem tratá-lo e assim por diante. Um atuador pode processar quatro pedidos numa única viagem para os actuadores. O movimento dos actuadores entre os sensores e de acordo com a prioridade de processamento é representado por uma linha tracejada roxa entre os sensores.

Depois de os actuadores estarem prontos, deslocam-se em direção aos alvos para efetuar o tratamento de substituição dos sensores que perderam a carga da bateria por novos sensores com baterias totalmente carregadas. Neste modo de funcionamento, este processo é representado pela deslocação dos actuadores dos centros de controlo para as localizações dos sensores alvo de acordo com a ordem de prioridades. Quando os actuadores chegam à localização do sensor alvo, transportam este sensor danificado e substituem-no por um novo sensor com uma bateria totalmente carregada. Este processo é representado pela alteração da quantidade de energia da bateria do sensor para 100%, o que significa que a substituição foi concluída, e assim sucessivamente para os restantes pedidos até os actuadores completarem o número máximo de operações de substituição, que é de (4) pedidos para quatro sensores. Depois de os actuadores completarem as operações de substituição, deslocam-se para o centro de controlo para colocar os sensores danificados que trouxeram das suas localizações na rede para os colocar no armazém perto do centro de controlo para os reparar, de modo a poderem ser novamente utilizados na rede. Os actuadores permanecem estáveis perto do centro de controlo até que cheguem outros pedidos.

Este processo de substituição é um processo virtual que simula o processo de substituição na vida real. O tempo fixo do processo de substituição para todos os nós sensores da rede foi considerado e implicitamente calculado e adicionado aos números por defeito assumidos nestas simulações. Figura 3.10-14 ilustra a pesquisa dos sensores nos centros de controlo e a seleção dos mais próximos para enviar o pedido de substituição. Por exemplo, o sensor no. 86 escolheu o centro de controlo no. 1 por ser o mais próximo, pelo que lhe foi enviado um pedido de substituição. Quanto ao envio do pedido, foi representado por uma linha azul tracejada entre o sensor requerente e o centro de controlo mais próximo. Quanto ao sensor n. 79, escolheu o centro de controlo no. 2 para lhe enviar o pedido porque é o mais próximo, como indicado pela linha azul tracejada entre ele e o centro de controlo.

Após a receção dos pedidos, o teste de prioridade de tratamento depende das informações contidas nos pedidos. As prioridades são determinadas da seguinte forma:

1. Se os pedidos contiverem sensores importantes, a ordem dos pedidos será de acordo com a importância

2. Se a primeira condição não for satisfeita e houver muitos eventos na rede, os pedidos serão organizados de acordo com o número de eventos

3. Se a primeira e a segunda condições não forem cumpridas, os pedidos serão organizados de acordo com a quantidade de energia da bateria fraca

4. Se as condições acima não forem cumpridas e o tempo for suficiente para todos os pedidos, estes são organizados de acordo com a localização dos sensores e a sua proximidade do centro de controlo. Em seguida, é processado o pedido mais próximo, depois o seguinte, e assim sucessivamente, até ser atingido o pedido do sensor mais distante.

Figura 3.10-14 acima mostra como algumas ordens foram organizadas, por exemplo, os actuadores (1L2), que é o atuador n.º. 2, que se desloca do centro de controlo no. 1 e para a esquerda (L) do centro de controlo. Tem dois pedidos dispostos de acordo com a distância e a distância do centro de controlo, onde primeiro se processa o mais próximo, e o seguinte é processado através do movimento dos actuadores Em direção ao sensor n°. 86 primeiro, e de acordo com o que está indicado no número acima do símbolo do atuador, que é 1, significando que este é o primeiro sensor cujo pedido deve ser atendido, e depois de o completar, desloca-se para o sensor n.º. 68, e como mostra a classificação deste sensor através do n° 2, ou seja, em segundo lugar no tratamento.

Quanto ao atuador (1R1), que se deslocou para a direita do centro de controlo
no. 1, os pedidos foram organizados de acordo com o número de eventos.
Onde neste dia, que é o quinto dia, e revendo os dados e detalhes dos nós
sensores neste dia, nota-se que o número de eventos que ocorreram nestes
sensores, que os eventos do nó sensor n°. 93 foram 24 eventos, e como os
eventos esperados para ocorrer em cada nó sensor da rede estão entre (0- 25)
eventos, então a quantidade de eventos neste nó sensor é considerada uma
quantidade grande em relação aos outros, que são 20 eventos no sensor no. 15
e 15 eventos para o sensor no. 34. Assim, a ordem de prioridade dos pedidos
foi a apresentada na tabela 3.10-2 abaixo:

Tabela 3.10-2. A ordem de prioridade dos pedidos organizada em função do
número de eventos.

Prioridade	Dia	ID do sensor	Número de eventos	Alimentação da bateria	Importância
1	5	93	24	10	0
2	5	15	20	8	0
3	5	34	15	5	0

Da mesma forma, o movimento dos actuadores do centro de controlo n.°. 2,
onde os pedidos do atuador (2R1) são organizados de acordo com a
quantidade de energia da bateria, quanto aos actuadores (2L2), tem apenas um
pedido.

O número total de pedidos de processamento enviados aos centros de controlo
nesse dia foi de 9 pedidos, que foram processados da seguinte forma

1. O centro de controlo n. 1 recebeu cinco pedidos.

   - O número de actuadores que se deslocaram para a direita do centro
     de controlo é 1 atuador
   - O número de actuadores que se deslocaram para a esquerda do
     centro de controlo é 1 atuador

2. O centro de controlo n. 2 recebeu quatro pedidos.

   - O número de actuadores que se deslocaram para a direita do centro
     de controlo é 1 atuador

- O número de actuadores que se deslocaram para a esquerda do centro de controlo é 1 atuador

Foram processados nove pedidos de processamento através de quatro actuadores que se deslocaram de dois centros de controlo na rede.

Após o processo de substituição, a rede de sensores continua a atuar depois de compensar os sensores cujo nível de bateria diminuiu ao longo do tempo. Estes sensores continuam a detetar eventos e a enviar os seus dados, pelo que o consumo de energia do sensor continua a ser afetado. Figura 3.10-15 apresenta-se no dia seguinte após a conclusão da substituição.

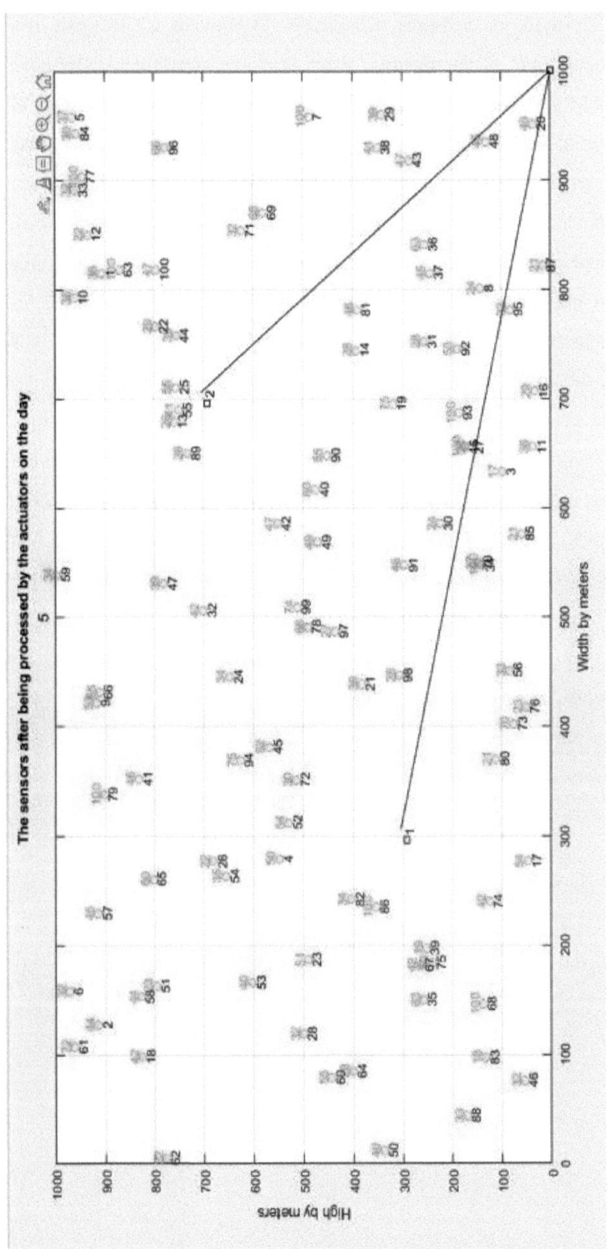

Figura 3.10-15. Os sensores substituídos estão a funcionar na rede após o processo de

substituição.

Na figura 3.10-15, os sensores substituídos continuam a funcionar nos mesmos locais que os danificados. Estes sensores substituídos são nove sensores, que são: (86,68,93,27,34,79,63,7). Na figura acima, é possível observar que os sensores que perderam a carga da bateria foram substituídos por novos sensores com baterias totalmente carregadas (100%) no mesmo local de trabalho dos sensores danificados. Após o processo de substituição, os sensores deslocam-se para os centros de controlo para devolver os sensores danificados que substituíram, a fim de os reparar e voltar a utilizar. Os actuadores permanecem junto aos centros de controlo, aguardando novos pedidos de substituição.

No caso de existirem sensores importantes na rede, em que estes sensores fornecem à rede dados de grande utilidade para a rede, estes sensores devem ser cuidados e preservados de danos ou perdas, porque são importantes. Em caso de danos, eles devem ser substituídos o mais rápido possível para não perder dados importantes de eventos que ocorrem na área importante em que estão localizados. Trata-se de um sensor importante.

No algoritmo proposto, os sensores importantes têm prioridade no processamento, uma vez que os pedidos relativos a sensores importantes são processados antes dos outros. Figura 3.10-16 mostra como o algoritmo pode tratar as prioridades dos sensores importantes.

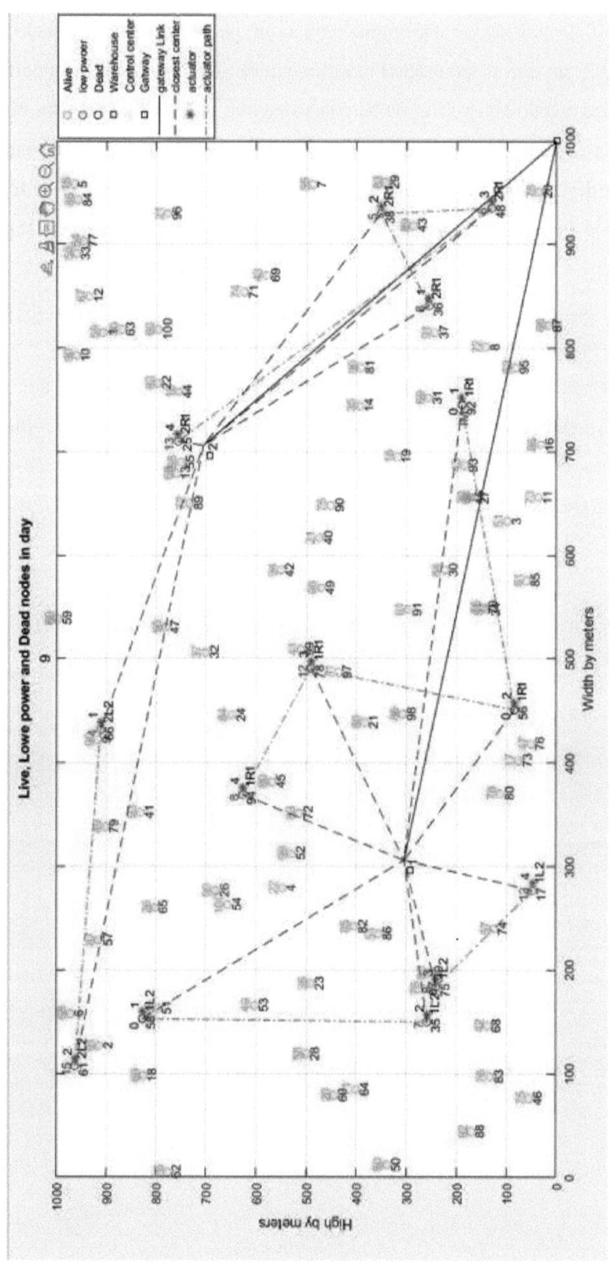

Figura   3.10-16. Como o algoritmo proposto lida com o processamento de sensores importantes.

Na figura 3.10-16, um sensor importante enviou um pedido de processamento, que é o sensor nº. 92, em que as letras (IM) indicam que se trata de um sensor importante e que enviou um pedido antes de a sua bateria se esgotar e, devido aos muitos eventos, a sua energia expirou. Por isso, o algoritmo deu-lhe prioridade no processamento, apesar de ter deslocado os sensores para mais longe do centro de controlo, e de haver outros pedidos de sensores mais próximos, e de um deles ter perdido completamente a bateria, que é o sensor nº 56, para além de outros dois sensores próximos do centro de controlo, que são o 78 e o 94. Porém, o algoritmo processa o pedido do sensor importante antes dos outros pedidos.

Após 30 dias de funcionamento da rede, o maior número de dias em que foram processados pedidos para os sensores foi o oitavo dia, com 25 pedidos para processamento. Os pedidos foram divididos pelos centros de controlo da rede e todos os pedidos foram processados.

Figura 3.10-17 mostra o maior número de pedidos de processamento, que foi o oitavo dia.

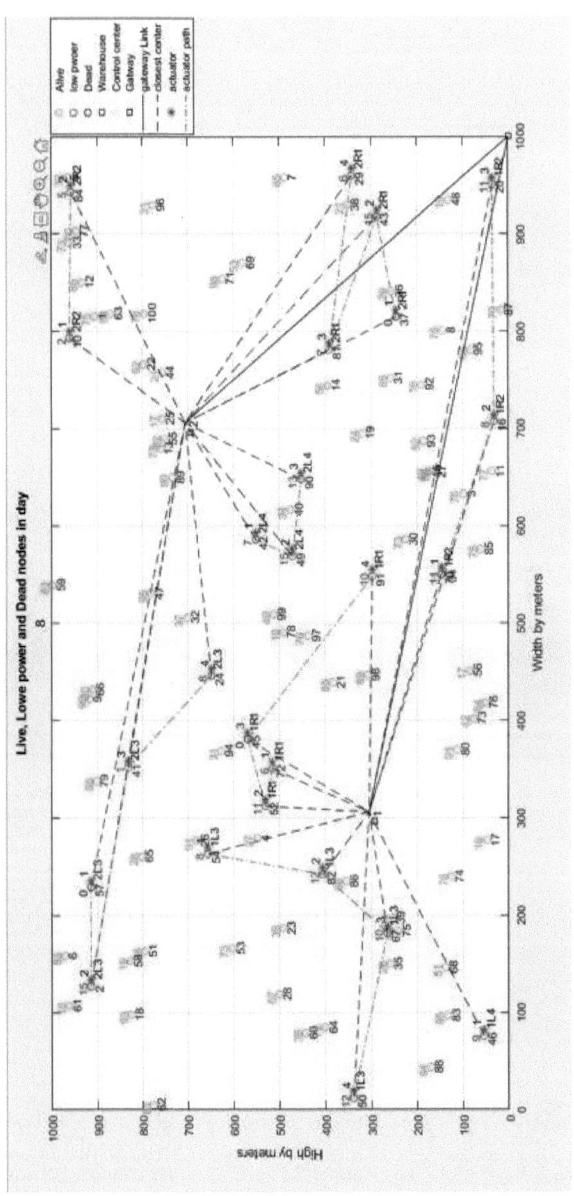

Figura   3.10-17. O oitavo dia e o maior número de pedidos de processamento.

Todos os pedidos foram processados pelos actuadores, como mostra a figura 3.10-18.

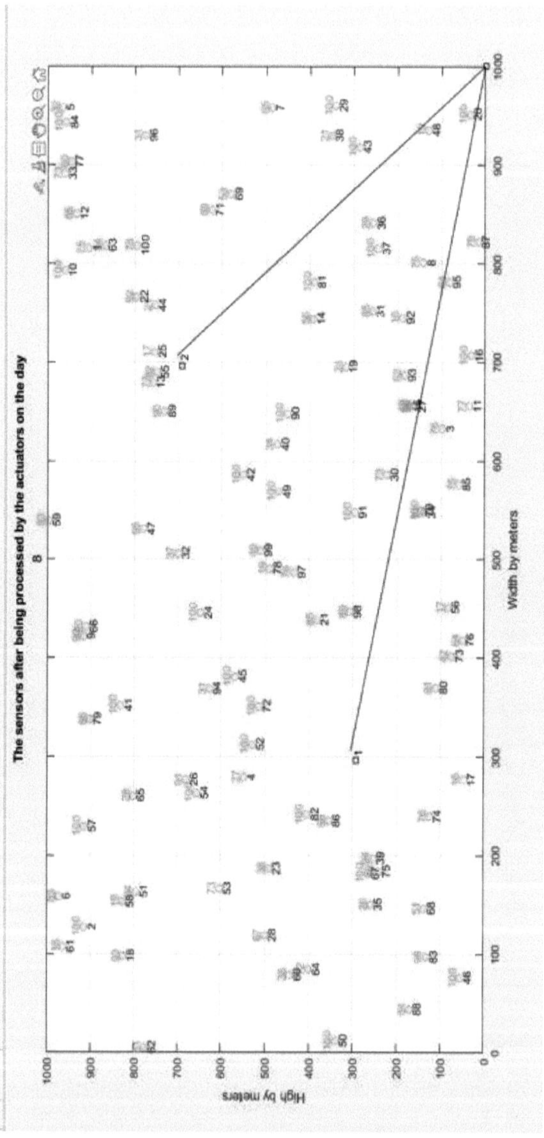

Figura   3.10-18. Após o processamento dos pedidos do oitavo dia com o maior número de pedidos de processamento.

O dia mais baixo em que foram processados pedidos para os sensores foi o dia onze, em que houve apenas cinco pedidos para processamento. Figura 3.10-19 mostra o número mais baixo de pedidos de processamento.

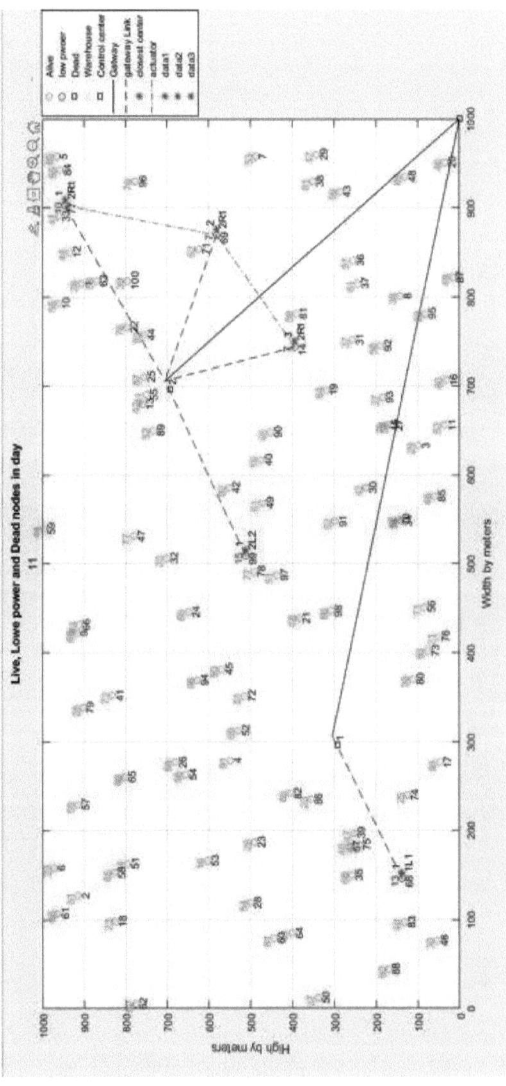

Figura   3.10-19. Mostra o menor número de pedidos de processamento por dia.

Figura 3.10-20 mostra os pedidos do último dia da simulação, que é o dia n. 30.

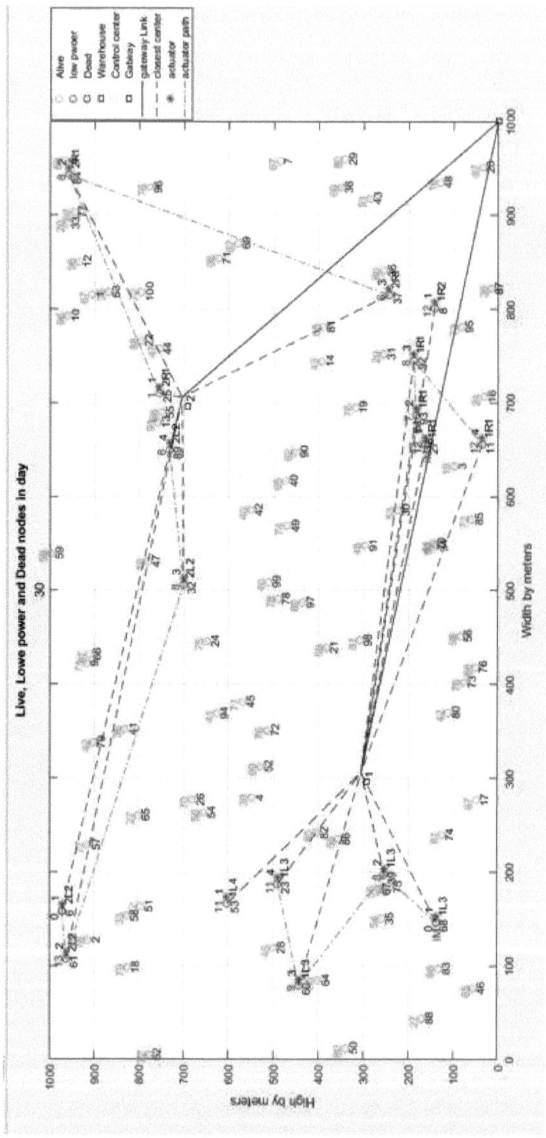

Figura   3.10-20. mostra os pedidos do último dia desta simulação, que é o dia n. 30.

Após a implementação do algoritmo de distribuição de tratos entre os actuadores para processar os pedidos de substituição dos sensores que perderam a potência por novos sensores com baterias totalmente carregadas, os resultados foram que todos os nós sensores estão a funcionar e nas mesmas localizações que os sensores antigos que foram substituídos. Figura 3.10-21 mostra a rede de sensores após a conclusão do processo de substituição.

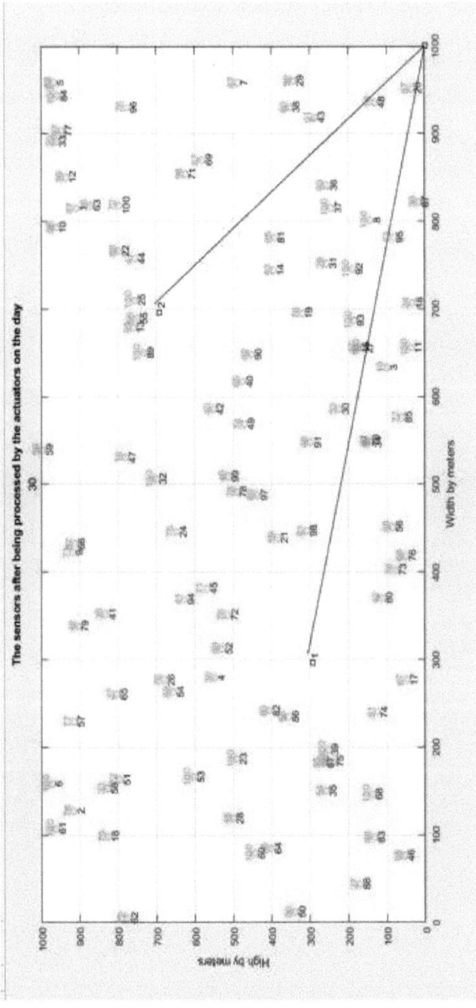

Figura 3.10-21. O último dia desta simulação, que é o dia n. 30 depois de todos os pedidos terem sido processados.

3.10.2. Saídas como gráficos e ficheiros Excel

Após a conclusão do processo de simulação do algoritmo no processamento dos pedidos, os resultados do processo foram gráficos e ficheiros excel que mostram os processos que obtiveram a rede de sensores sem fios e os actuadores e o grau de resposta do algoritmo no processamento dos pedidos num prazo de 30 (dias) repetições, como se segue:

Em primeiro lugar: diagramas ilustrativos do funcionamento do algoritmo

1. O número de sensores processados pelo centro de controlo n. 1 em cada dia de 30 dias, como mostra a Figura 3.10-22.

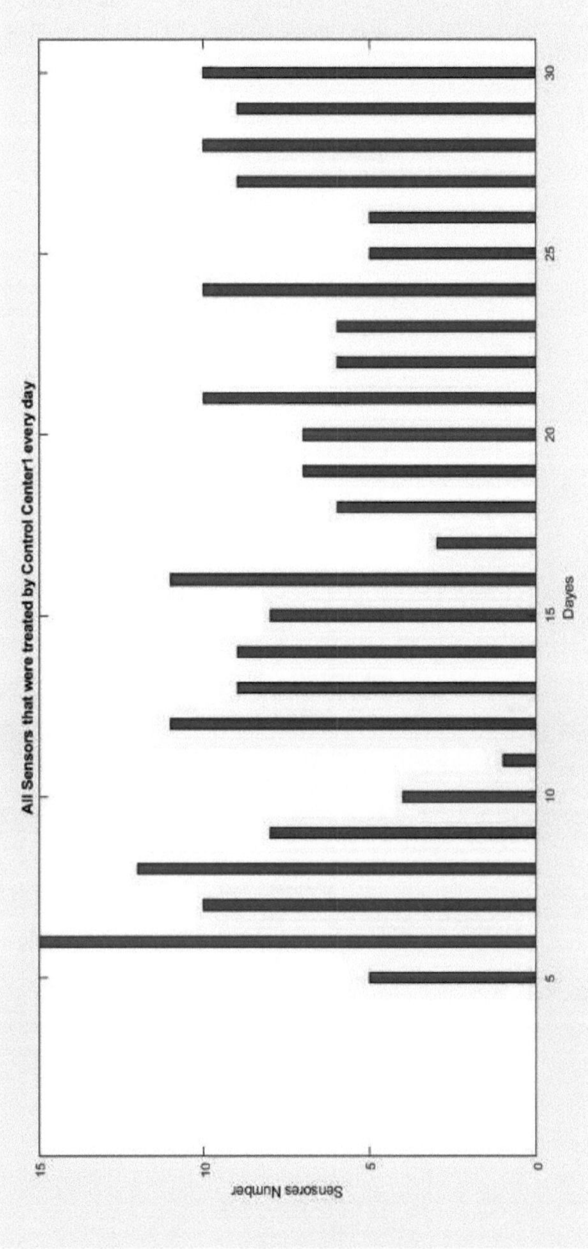

Figura   3.10-22. O número de sensores processados pelo centro de controlo n. 1 por dia durante 30 dias.

a. O número de actuadores que se deslocaram para a direita do centro de controlo n. 1 todos os dias durante 30 dias, como mostra a figura 3.1023.

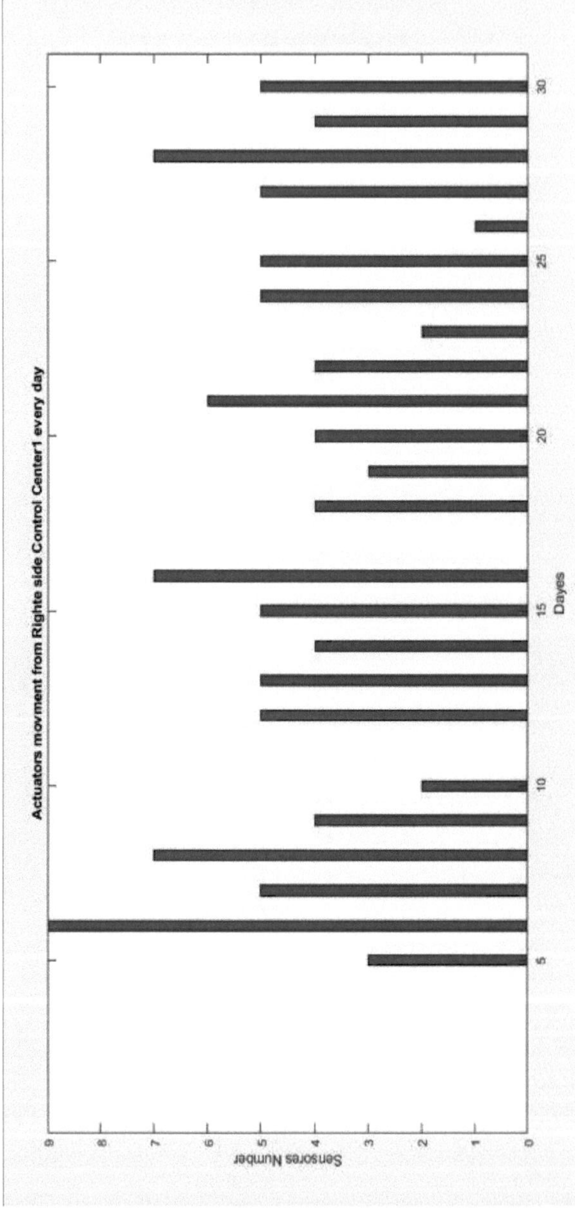

Figura   3.10-23. O número de actuadores que se deslocaram para a direita do Centro de

b. O número de actuadores que se deslocaram para a esquerda do centro de controlo n.º 1 todos os dias durante 30 dias, como mostra a figura 3.10-24.

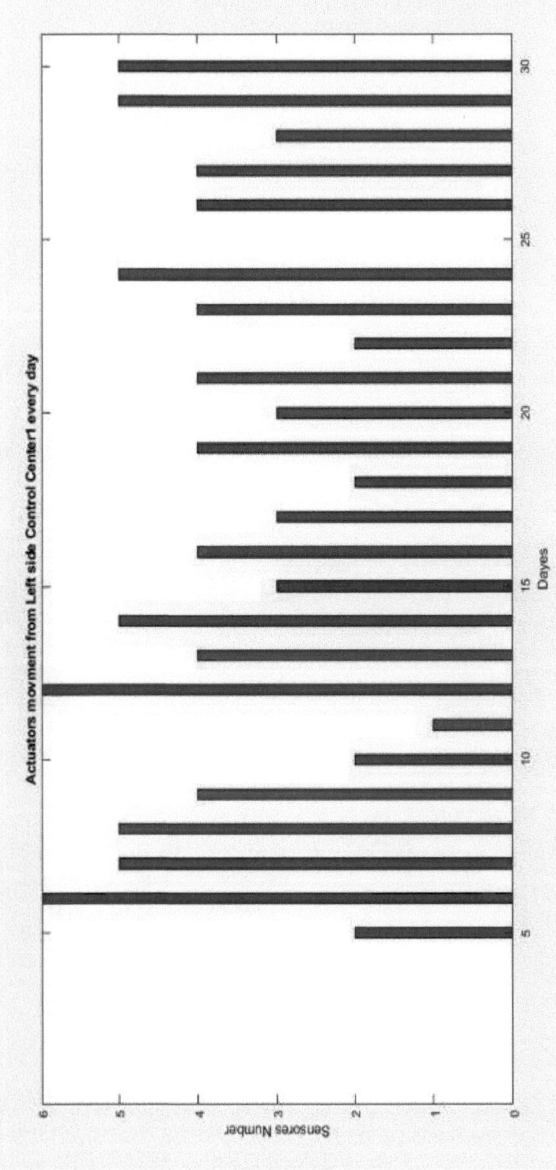

Figura   3.10-24. O número de actuadores deslocados para a esquerda do centro de controlo n.º 1 todos os dias durante 30 dias.

2. O número de sensores processados pelo centro de controlo n. 2 em cada

dia durante 30 dias, como mostra a figura 3.10-25.

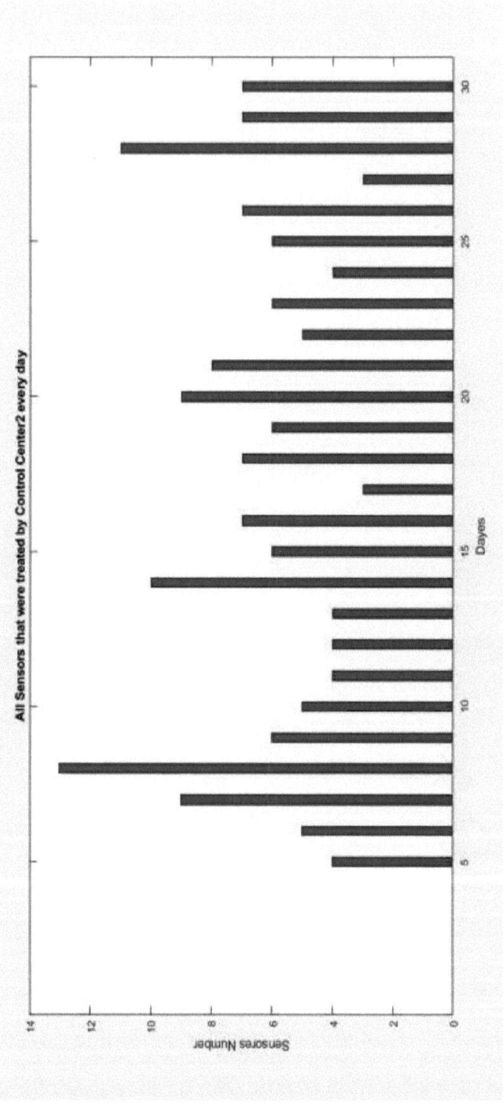

Figura   3.10-25. O número de sensores processados pelo centro de controlo n. 2 diariamente em 30 dias.

a. O número de actuadores que se deslocaram para a direita do centro de controlo n. 2 todos os dias durante 30 dias, como mostra a figura 3.10-26.

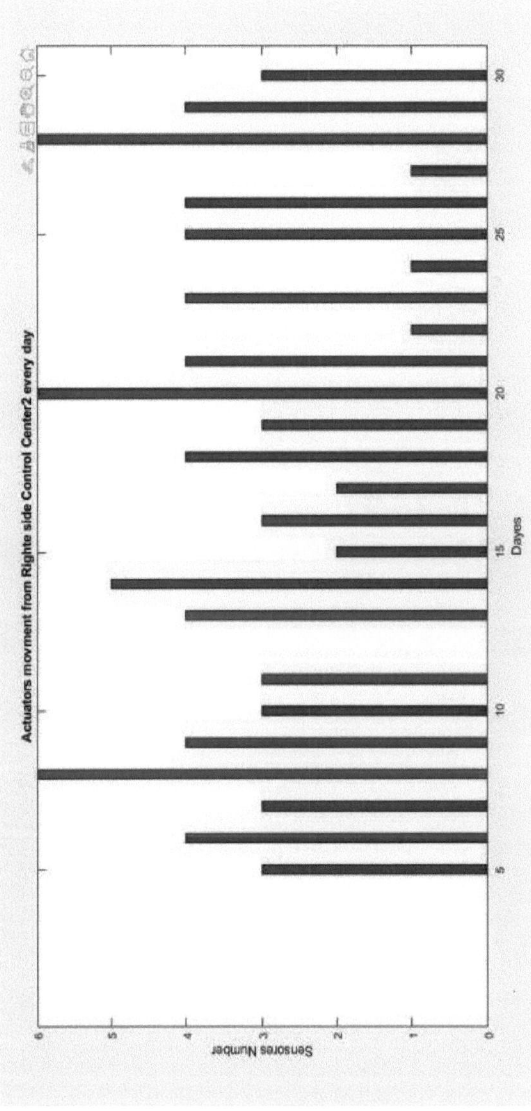

Figura   3.10-26. O número de actuadores deslocados para a direita do centro de controlo n. 2 por dia em 30 dias.

b. O número de actuadores que se deslocaram para a esquerda do centro de controlo n. 2 todos os dias num período de 30 dias, como mostra a figura 3.10-27.

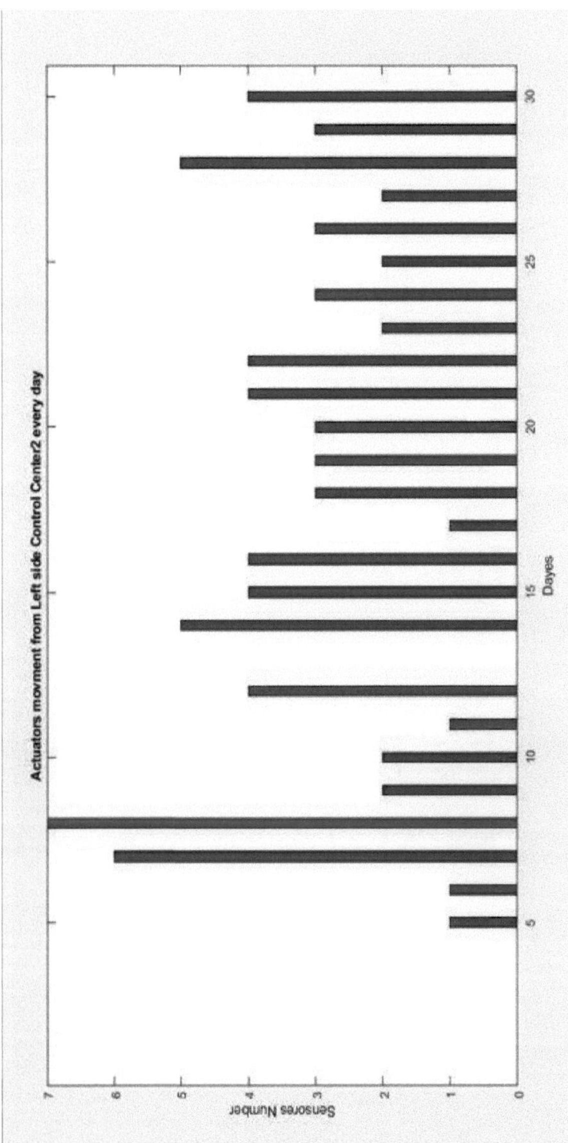

Figura 3.10-27. O número de actuadores deslocados para a esquerda do centro de controlo n. 2 em cada dia, num período de 30 dias.

3. Gráfico que mostra a percentagem de sensores activos, com bateria fraca e mortos por dia, durante 30 dias, como mostra a figura 3.10-28.

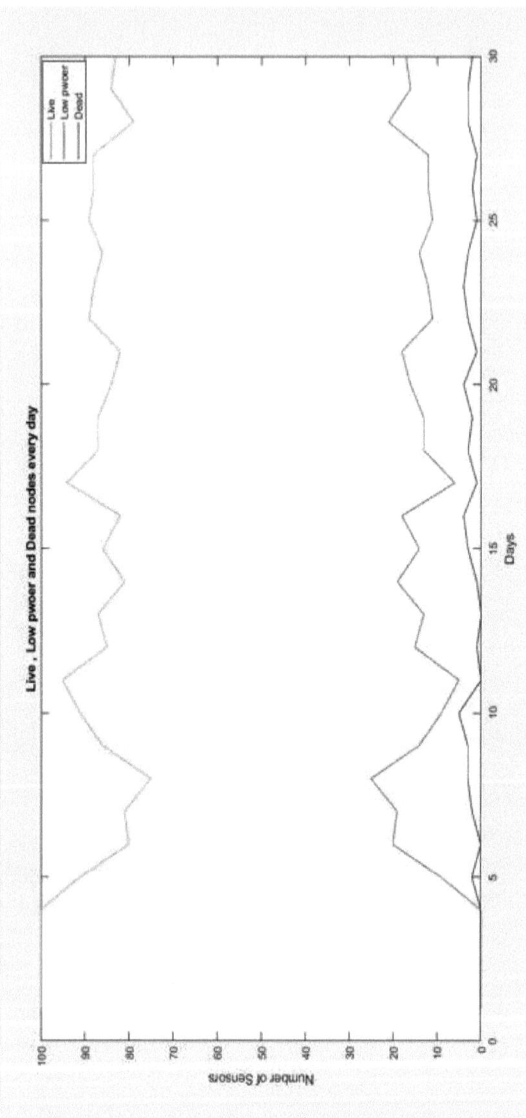

Figura 3.10-28. Sensores activos, com bateria fraca e mortos por dia em 30 dias.

Segundo: Saídas sob a forma de ficheiros Excel contendo dados para o trabalho do algoritmo.

1. Ficheiro Excel com todos os dados e detalhes de todos os sensores para todos os dias num período de 30 dias, como mostra a figura 3.10-29.

	A	B	C	D	E	F	G	H	I	J	K	L	M	N	O	P	Q	R	S	T
	days	nodes number	control centers	eventes	imprtant nodes	live nodes	low power nodes	dead nodes	number of requests	control center 1	actuators no.ctrlctr1	R-sensors no.ctrlctr1	L-sensors no.ctrlctr1	requests done ctrlstr1	control center 2	actuators no.ctrlctr2	R-sensors no.ctrlctr2	L-sensors no.ctrlctr2	requests done ctrlstr2	all request tretead
2	1	100	2	1261	4	100	0	0	0	0	0	0	0	0	0	0	0	0	0	0
3	2	100	2	1191	6	100	0	0	0	0	0	0	0	0	0	0	0	0	0	0
4	3	100	2	1227	1	100	0	0	0	0	0	0	0	0	0	0	0	0	0	0
5	4	100	2	1253	3	100	0	0	0	0	0	0	0	0	0	0	0	0	0	0
6	5	100	2	1298	4	91	9	2	9	5	2	3	2	5	4	2	3	1	4	9
7	6	100	2	1133	3	80	20	0	20	15	5	9	6	15	5	2	4	1	5	20
8	7	100	2	1074	2	81	19	2	19	10	4	5	5	10	9	3	3	6	9	19
9	8	100	2	1280	2	75	25	3	25	12	4	7	5	12	13	4	6	7	13	25
10	9	100	2	1283	7	86	14	3	14	8	2	4	4	8	6	2	4	2	6	14
11	10	100	2	1310	3	91	9	5	9	4	2	2	2	4	5	2	3	2	5	9
12	11	100	2	1326	5	95	5	0	5	1	1	0	1	1	4	2	3	1	4	5
13	12	100	2	1356	4	85	15	1	15	11	4	5	6	11	4	1	0	4	4	15
14	13	100	2	1270	2	87	13	0	13	9	3	5	4	9	4	1	4	0	4	13
15	14	100	2	1080	1	81	19	1	19	9	3	4	5	9	10	4	5	5	10	19
16	15	100	2	1255	6	86	14	3	14	8	3	5	3	8	6	2	2	4	6	14
17	16	100	2	1319	8	82	18	4	18	11	3	7	4	11	7	2	3	4	7	18
18	17	100	2	1242	5	94	6	1	6	3	1	0	3	3	3	2	2	1	3	6
19	18	100	2	1330	3	87	13	3	13	6	2	4	2	6	7	2	4	3	7	13
20	19	100	2	1368	7	87	13	2	13	7	2	3	4	7	6	2	3	3	6	13
21	20	100	2	1282	6	84	16	4	16	7	2	4	3	7	9	3	6	3	9	16
22	21	100	2	1232	2	82	18	1	18	10	3	6	4	10	8	2	4	4	8	18
23	22	100	2	1224	4	89	11	3	11	6	2	4	2	6	5	2	1	4	5	11
24	23	100	2	1244	1	88	12	4	12	6	2	2	4	6	6	2	4	2	6	12
25	24	100	2	1278	2	86	14	3	14	10	4	5	5	10	4	2	1	3	4	14
26	25	100	2	1329	5	89	11	1	11	5	2	5	0	5	6	2	4	2	6	11
27	26	100	2	1227	1	88	12	2	12	5	2	1	4	5	7	2	4	3	7	12
28	27	100	2	1317	8	88	12	1	12	9	3	5	4	9	3	2	1	2	3	12
29	28	100	2	1328	4	79	21	3	21	10	3	7	3	10	11	4	6	5	11	21
30	29	100	2	1174	4	84	16	3	16	9	3	4	5	9	7	2	4	3	7	16
31	30	100	2	1264	5	83	17	2	17	10	4	5	5	10	7	2	3	4	7	17

Figura 3.10-29. Ficheiro Excel com todos os dados e pormenores de todos os sensores para todos os dias num período de 30 dias.

2. Ficheiro Excel com os dados solicitados e os pormenores do

95

processamento para todos os sensores no último dia de processamento, como mostra a figura 3.10-30.

3.

	nodeID	X.pos	Y.pos	nodepor	nodevnt	nodedst	nodeact	nodepri	nodeimp
2	1	815	906	67	24	0	0	0	0
3	2	127	914	78	14	0	0	0	0
4	3	633	98	19	6	0	0	0	0
5	4	279	547	30	15	0	0	0	0
6	5	958	965	58	23	0	0	0	0
7	6	158	971	100	23	1	2	0	0
8	7	958	486	67	12	0	0	0	0
9	8	801	142	100	11	2	1	0	0
10	9	422	916	71	8	0	0	0	0
11	10	793	960	96	1	0	0	0	0
12	11	656	36	100	19	3	1	0	0
13	12	850	934	56	3	0	0	0	0
14	13	679	758	91	9	0	0	0	0
15	14	744	393	43	10	0	0	0	0
16	15	656	172	47	23	0	0	0	0
17	16	707	32	24	0	0	0	0	0
18	17	277	47	67	21	0	0	0	0
19	18	98	824	79	7	0	0	0	0
20	19	695	318	76	6	0	0	0	0
21	20	951	35	87	12	0	0	0	0
22	21	439	382	59	18	0	0	0	0
23	22	766	796	88	5	0	0	0	0
24	23	187	490	100	5	4	1	0	0
25	24	446	647	75	25	0	0	0	1
26	25	710	755	100	15	5	2	0	0
27	26	277	680	70	7	0	0	0	0
28	27	656	163	100	25	6	1	0	1
29	28	119	499	45	23	0	0	0	0
30	29	960	341	80	4	0	0	0	0
31	30	586	224	53	0	0	0	0	0
32	31	752	256	29	18	0	0	0	0

	A	B	C	D	E	F	G	H	I
33	32	506	700	100	22	7	2	0	0
34	33	891	960	20	3	0	0	0	0
35	34	548	139	99	1	0	0	0	0
36	35	150	258	54	15	0	0	0	0
37	36	841	255	80	15	0	0	0	0
38	37	815	244	100	13	8	2	0	0
39	38	930	350	60	0	0	0	0	0
40	39	197	252	100	17	9	1	0	0
41	40	617	474	65	24	0	0	0	0
42	41	352	831	36	22	0	0	0	0
43	42	586	550	40	2	0	0	0	0
44	43	918	286	91	9	0	0	0	0
45	44	758	754	47	6	0	0	0	0
46	45	381	568	71	14	0	0	0	0
47	46	76	54	85	15	0	0	0	0
48	47	531	780	16	7	0	0	0	0
49	48	935	130	16	20	0	0	0	0
50	49	569	470	74	20	0	0	0	0
51	50	12	338	80	20	0	0	0	0
52	51	163	795	72	9	0	0	0	0
53	52	312	529	99	1	0	0	0	0
54	53	166	602	100	18	10	1	0	0
55	54	263	655	58	25	0	0	0	1
56	55	690	749	66	4	0	0	0	0
57	56	451	84	98	2	0	0	0	0
58	57	229	914	77	23	0	0	0	0
59	58	153	826	33	12	0	0	0	0
60	59	539	997	59	22	0	0	0	0
61	60	79	443	100	21	11	1	0	0
62	61	107	962	100	4	12	2	0	0
63	62	5	775	72	6	0	0	0	0
64	63	818	869	35	1	0	0	0	0

	A	B	C	D	E	F	G	H	I
64	63	818	869	35	1	0	0	0	0
65	64	85	400	85	15	0	0	0	0
66	65	260	801	27	20	0	0	0	0
67	66	432	911	87	13	0	0	0	0
68	67	182	264	55	0	0	0	0	0
69	68	146	137	100	25	13	1	0	1
70	69	870	580	87	13	0	0	0	0
71	70	550	145	41	8	0	0	0	0
72	71	854	623	96	4	0	0	0	0
73	72	351	514	76	16	0	0	0	0
74	73	402	76	76	14	0	0	0	0
75	74	240	124	81	19	0	0	0	0
76	75	184	240	28	3	0	0	0	0
77	76	418	50	68	9	0	0	0	0
78	77	903	945	97	3	0	0	0	0
79	78	491	490	78	22	0	0	0	0
80	79	338	901	42	8	0	0	0	0
81	80	370	112	42	7	0	0	0	0
82	81	781	390	65	0	0	0	0	0
83	82	242	404	80	20	0	0	0	0
84	83	97	132	68	12	0	0	0	0
85	84	943	957	100	13	14	2	0	0
86	85	576	60	72	22	0	0	0	0
87	86	235	354	56	18	0	0	0	0
88	87	822	16	39	17	0	0	0	0
89	88	44	169	27	4	0	0	0	0
90	89	650	732	100	14	15	2	0	0
91	90	648	451	62	24	0	0	0	0
92	91	548	297	48	15	0	0	0	0
93	92	745	189	100	21	16	1	0	0
94	93	687	184	100	25	17	1	0	1
95	94	369	626	41	23	0	0	0	0

	A	B	C	D	E	F	G	H	I
96	95	781	82	73	5	0	0	0	0
97	96	930	776	76	0	0	0	0	0
98	97	487	436	80	11	0	0	0	0
99	98	447	307	81	0	0	0	0	0
100	99	509	511	40	12	0	0	0	0
101	100	818	795	72	24	0	0	0	0

Figura 3.10-30. Ficheiro Excel com os dados solicitados e os pormenores do processamento para todos os sensores no último dia de processamento.

3.10.3. Testar o algoritmo com diferentes formas de implantação de sensores na rede

Testar o algoritmo com diferentes implantações de sensores na rede.

1. Primeiro teste de implantação de sensores.

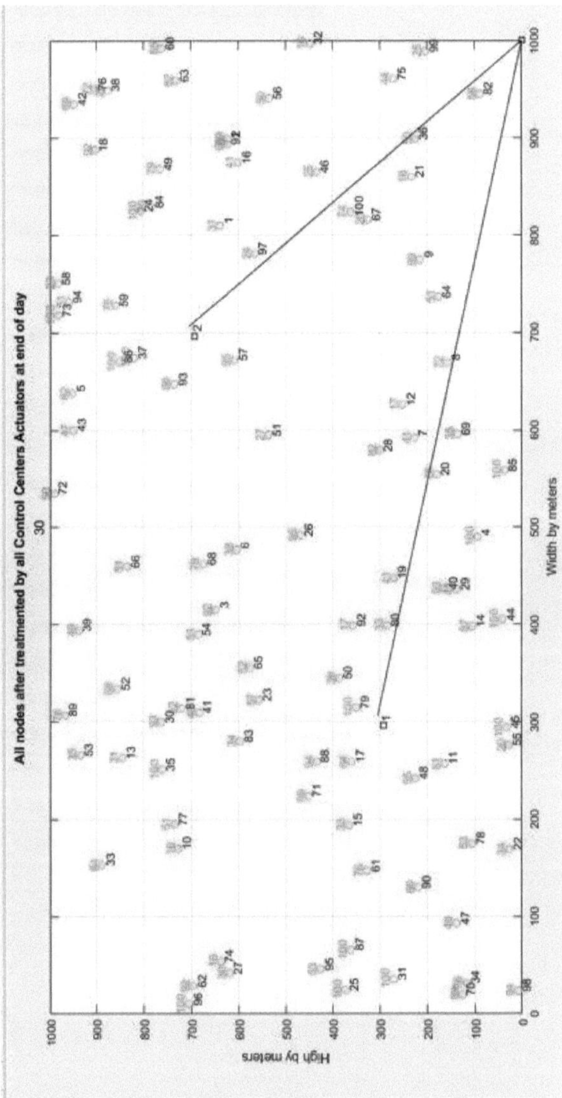

Figura 3.10-31. O último dia desta simulação, que é o dia n. 30, depois de todos os pedidos terem sido processados no primeiro teste de implantação.

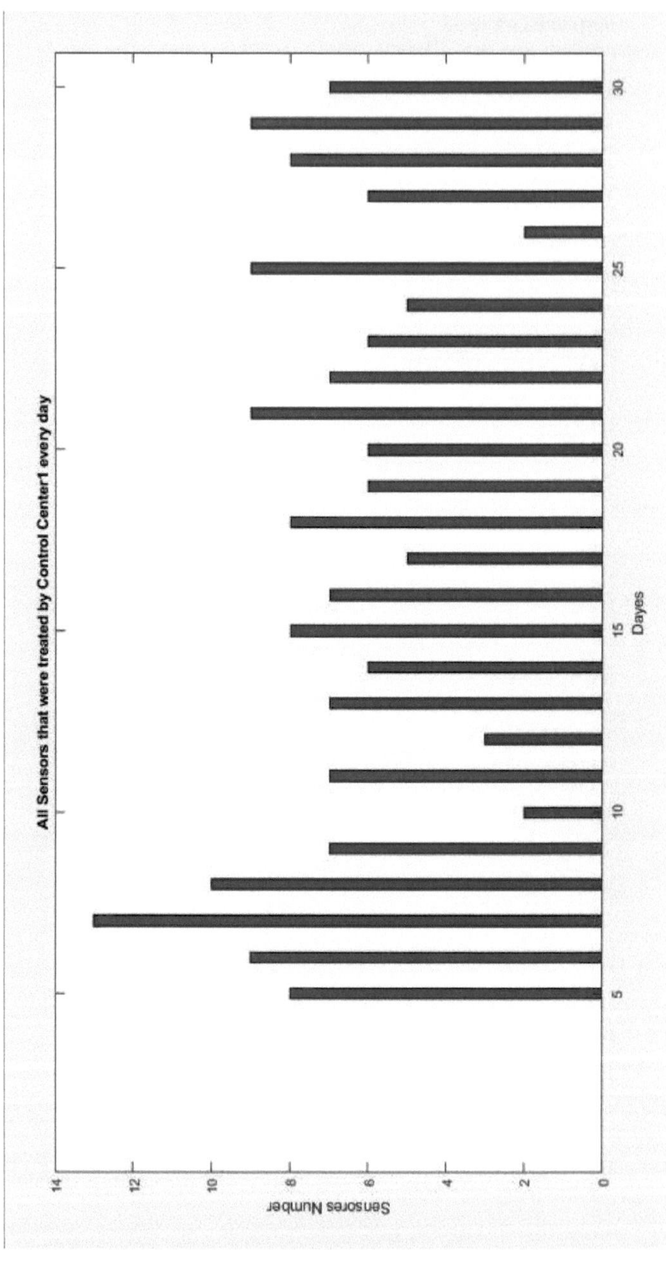

Figura   3.10-32. O número de sensores processados pelo centro de controlo n. 1 em cada dia, durante 30 dias, no primeiro teste de implantação.

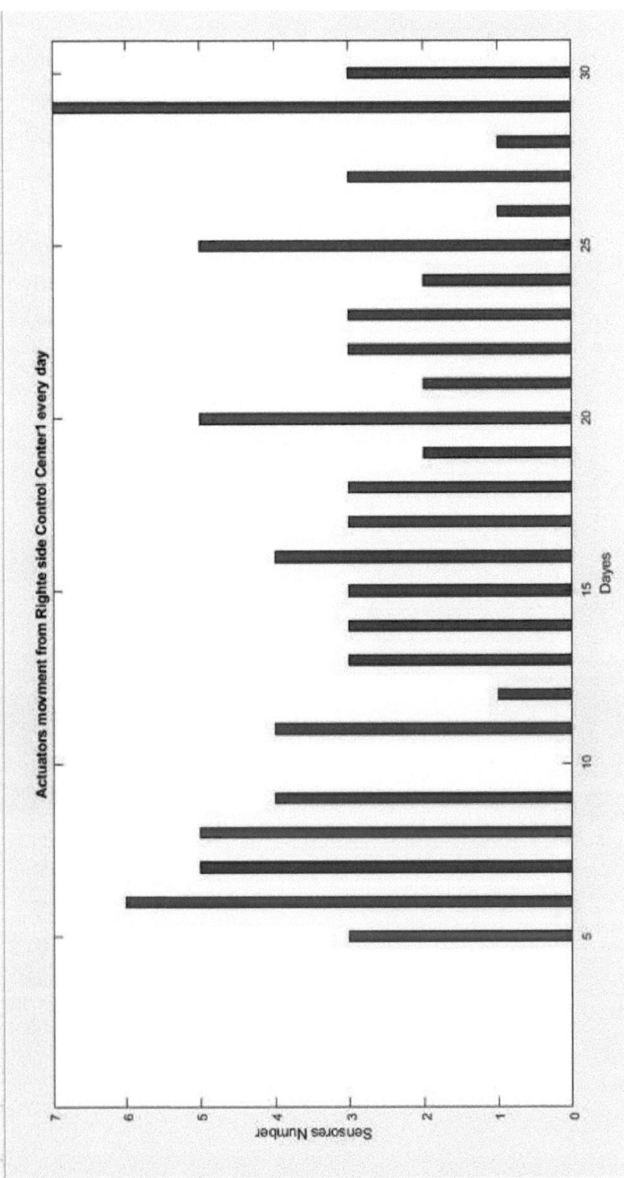

Figura   3.10-33. O número de actuadores que se deslocaram para a direita do Centro de Controlo n. 1 todos os dias, durante 30 dias, no primeiro teste de utilização.

101

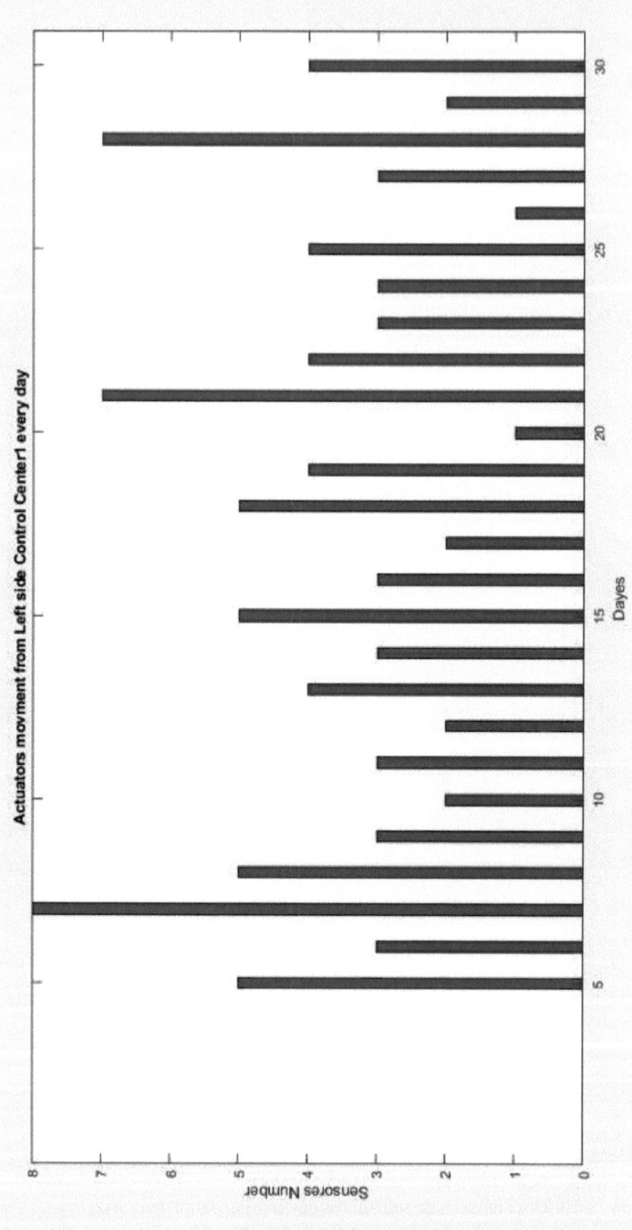

Figura 3.10-34. O número de actuadores deslocados para a esquerda do centro de controlo n.º 1 em cada dia, durante 30 dias, no primeiro ensaio de utilização.

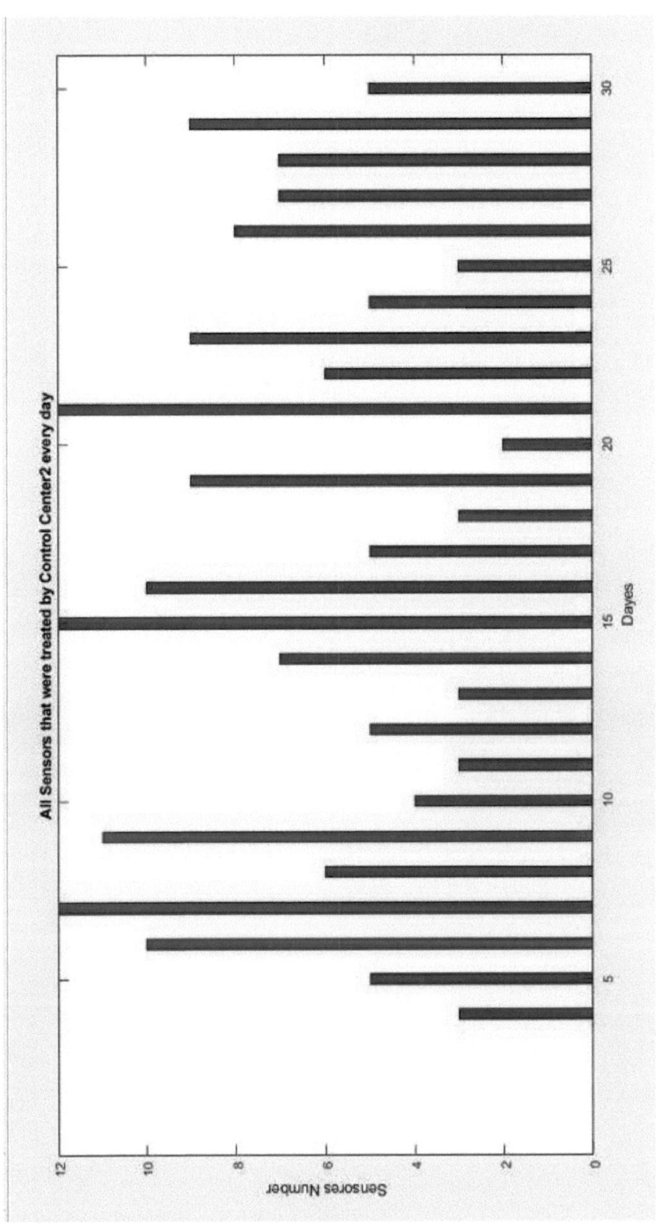

Figura 3.10-35. O número de sensores processados pelo centro de controlo n. 2 diariamente em 30 dias no primeiro teste de implantação.

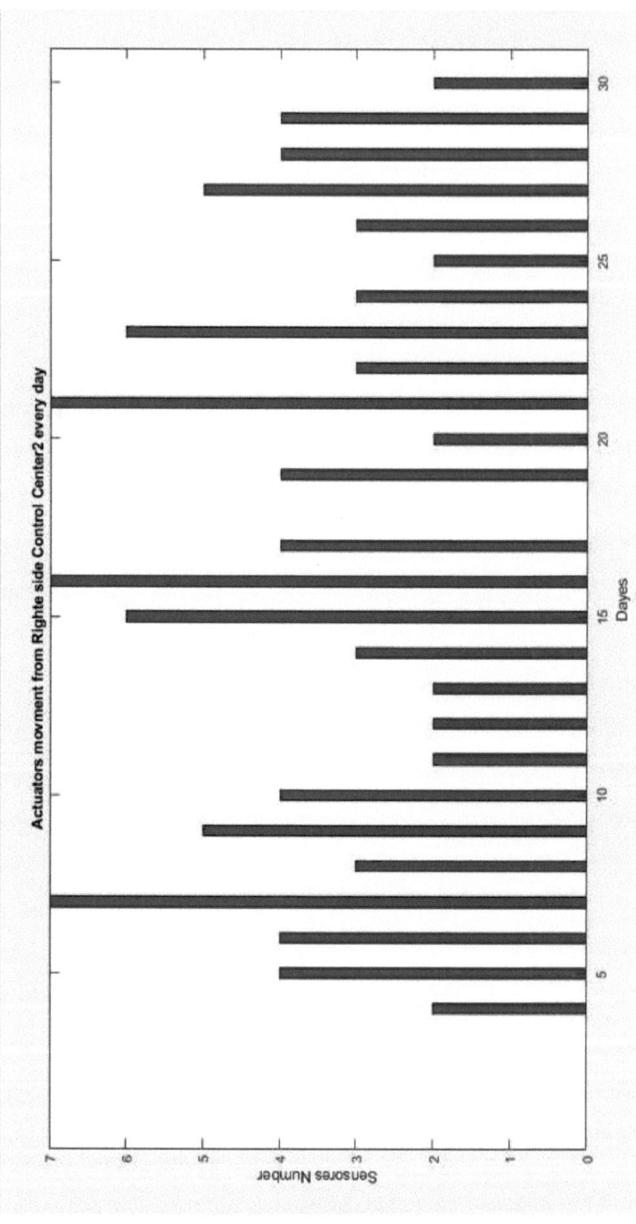

Figura   3.10-36. O número de actuadores deslocados para a direita do centro de controlo n. 2 em cada dia, durante 30 dias, no primeiro ensaio de utilização.

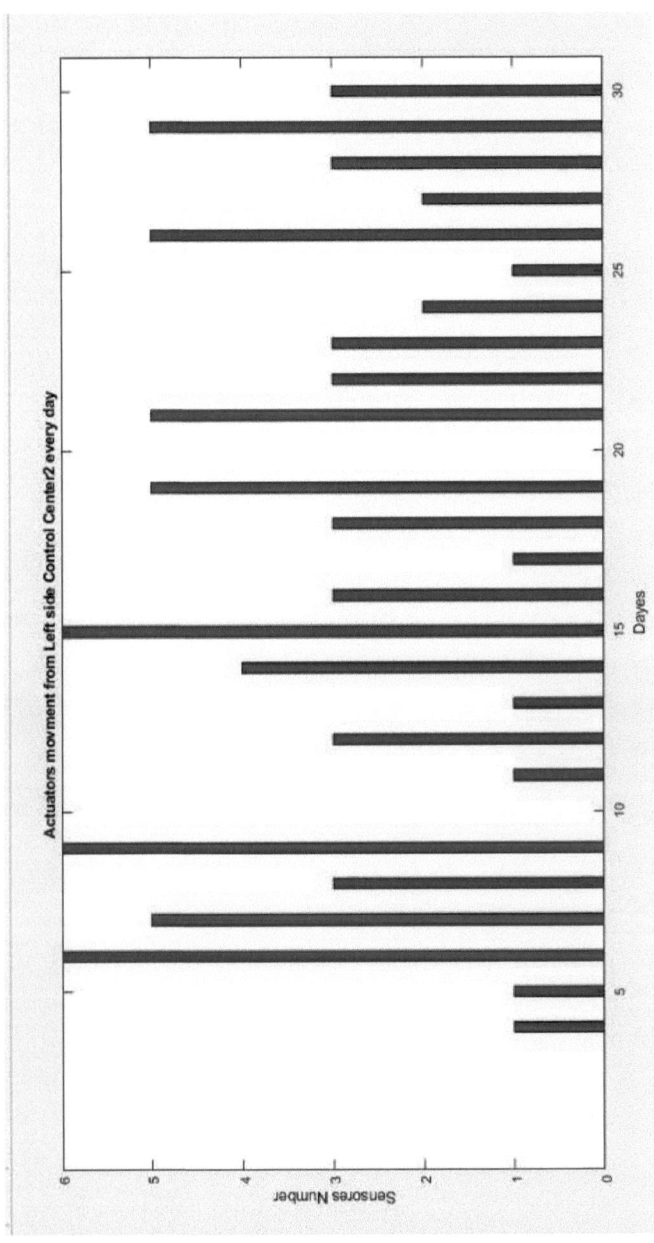

Figura 3.10-37. O número de actuadores deslocados para a esquerda do centro de controlo n. 2 em cada dia, durante 30 dias, no primeiro ensaio de utilização.

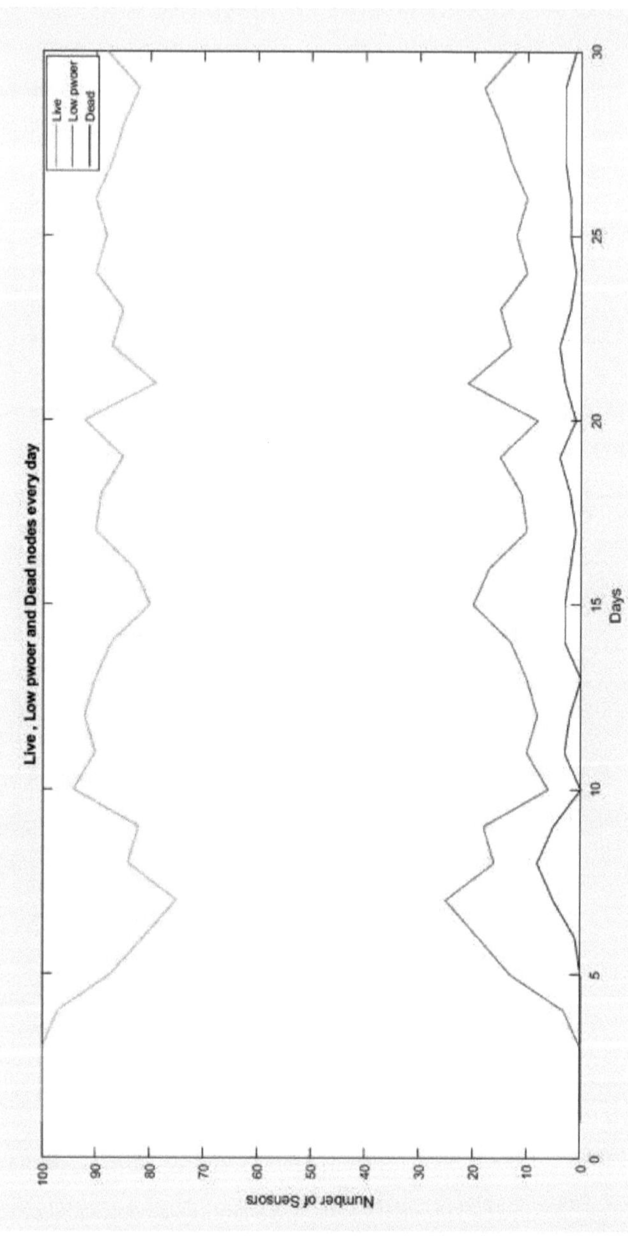

Figura   3.10-38. Sensores activos, com bateria fraca e mortos por dia em 30 dias no primeiro teste de implantação.

	A	B	C	D	E	F	G	H	I	J	K	L	M	N	O	P	Q	R	S	T
	days	nodes number	control centers	events	imprtant nodes	live nodes	low power nodes	dead nodes	number of requests	control center 1	actuators no.ctrlctr1	R-sensors no.ctrlctr1	L-sensors no.ctrlctr1	requests done ctrlstr1	control center 2	actuators no.ctrlctr2	R-sensors no.ctrlctr2	L-sensors no.ctrlctr2	requests done ctrlstr2	all request tretead
2	1	100	2	1437	5	100	0	0	0	0	0	0	0	0	0	0	0	0	0	0
3	2	100	2	1338	5	100	0	0	0	0	0	0	0	0	0	0	0	0	0	0
4	3	100	2	1382	6	100	0	0	0	0	0	0	0	0	0	0	0	0	0	0
5	4	100	2	1214	4	97	3	0	3	0	0	0	0	0	3	2	2	1	3	3
6	5	100	2	1226	2	87	13	0	13	8	3	3	5	8	5	2	4	1	5	13
7	6	100	2	1178	0	81	19	1	19	9	3	6	3	9	10	3	4	6	10	19
8	7	100	2	1206	3	75	25	5	25	13	4	5	8	13	12	4	7	5	12	25
9	8	100	2	1318	7	84	16	8	16	10	4	5	5	10	6	2	3	3	6	16
10	9	100	2	1276	5	82	18	5	18	7	2	4	3	7	11	4	5	6	11	18
11	10	100	2	1316	5	94	6	0	6	2	1	0	2	2	4	1	4	0	4	6
12	11	100	2	1214	2	90	10	3	10	7	2	4	3	7	3	2	2	1	3	10
13	12	100	2	1222	4	92	8	2	8	3	2	1	2	3	5	2	2	3	5	8
14	13	100	2	1201	1	90	10	0	10	7	2	3	4	7	3	2	2	1	3	10
15	14	100	2	1046	1	87	13	3	13	6	2	3	3	6	7	2	3	4	7	13
16	15	100	2	1161	4	80	20	3	20	8	3	3	5	8	12	4	6	6	12	20
17	16	100	2	1221	3	83	17	2	17	7	2	4	3	7	10	3	7	3	10	17
18	17	100	2	1266	3	90	10	1	10	5	2	3	2	5	5	2	4	1	5	10
19	18	100	2	1202	2	89	11	2	11	8	3	3	5	8	3	1	0	3	3	11
20	19	100	2	1233	5	85	15	4	15	6	2	2	4	6	9	3	4	5	9	15
21	20	100	2	1219	3	92	8	1	8	6	3	5	1	6	2	1	2	0	2	8
22	21	100	2	1287	4	79	21	3	21	9	3	2	7	9	12	4	7	5	12	21
23	22	100	2	1221	4	87	13	4	13	7	2	3	4	7	6	2	3	3	6	13
24	23	100	2	1326	5	85	15	2	15	6	2	3	3	6	9	3	6	3	9	15
25	24	100	2	1234	2	90	10	1	10	5	2	2	3	5	5	2	3	2	5	10
26	25	100	2	1228	0	88	12	2	12	9	3	5	4	9	3	2	2	1	3	12
27	26	100	2	1228	6	90	10	2	10	2	2	1	1	2	8	3	3	5	8	10
28	27	100	2	1185	4	87	13	3	13	6	2	3	3	6	7	3	5	2	7	13
29	28	100	2	1244	4	85	15	3	15	8	3	1	7	8	7	2	4	3	7	15
30	29	100	2	1297	4	82	18	3	18	9	3	7	2	9	9	3	4	5	9	18
31	30	100	2	1202	3	88	12	1	12	7	2	3	4	7	5	2	2	3	5	12

nodes details.xls

Figura 3.10-39. Ficheiro Excel que contém todos os dados e pormenores de todos os sensores para todos os dias num período de 30 dias no primeiro teste de implantação.

107

2. Segundo teste para a implantação de sensores

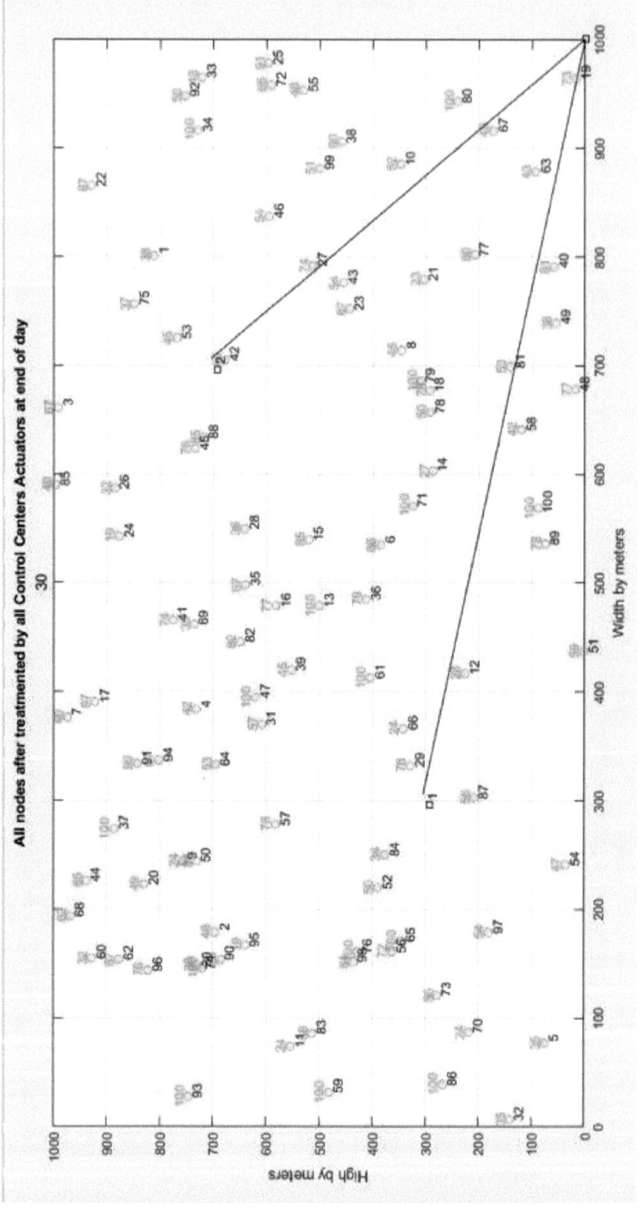

Figura 3.10-40. O último dia desta simulação, que é o dia n. 30, depois de todos os pedidos
terem sido processados no segundo teste de implantação.

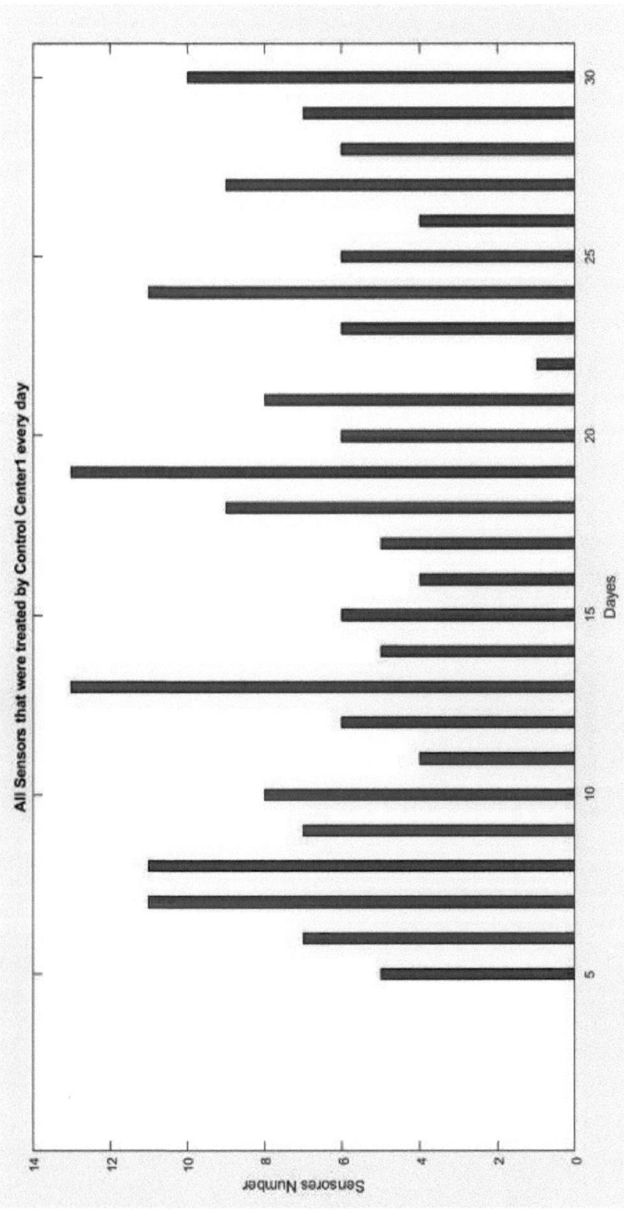

Figura 3.10-41. O número de sensores processados pelo centro de controlo n. 1 em cada dia, durante 30 dias, no segundo teste de implantação.

109

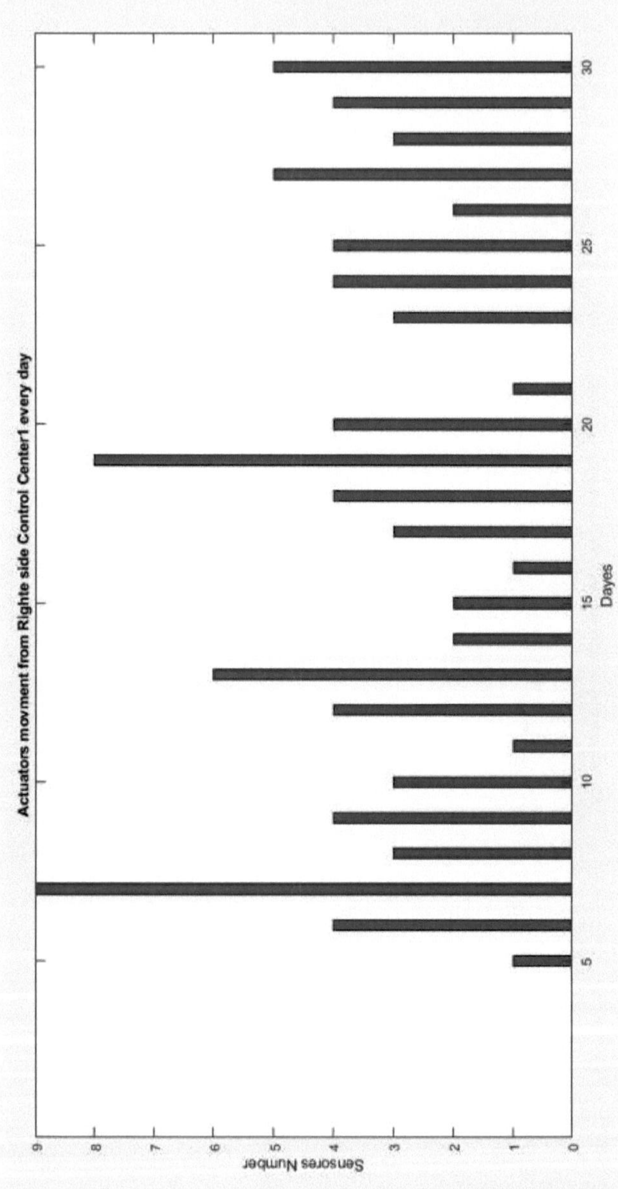

Figura 3.10-42. O número de actuadores que se deslocaram para a direita do Centro de Controlo n. 1 todos os dias, durante 30 dias, no segundo teste de implantação.

110

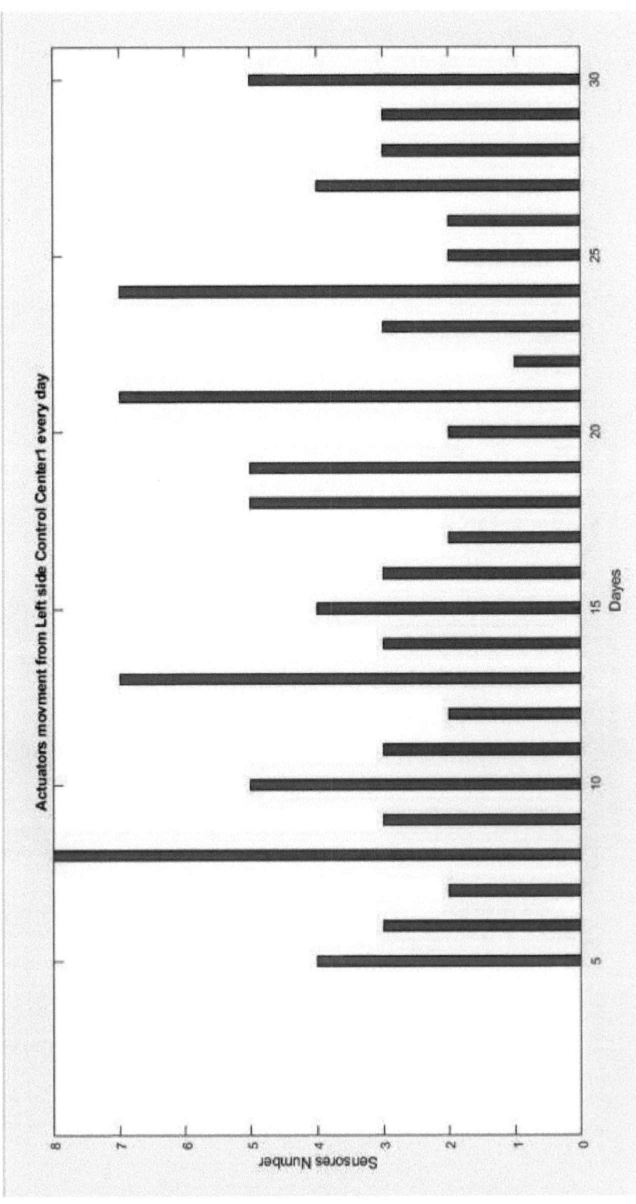

Figura   3.10-43. O número de actuadores deslocados para a esquerda do centro de controlo n.º 1 em cada dia, durante 30 dias, no segundo ensaio de utilização.

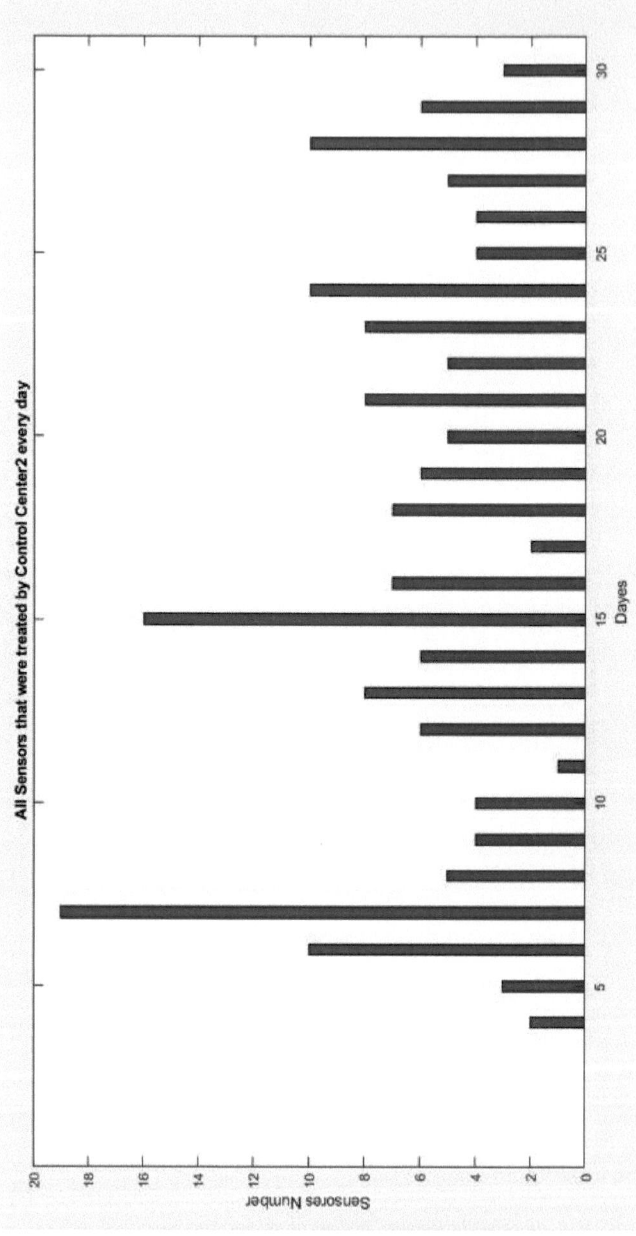

Figura   3.10-44. O número de sensores processados pelo centro de controlo n. 2 diariamente em 30 dias no segundo teste de implantação.

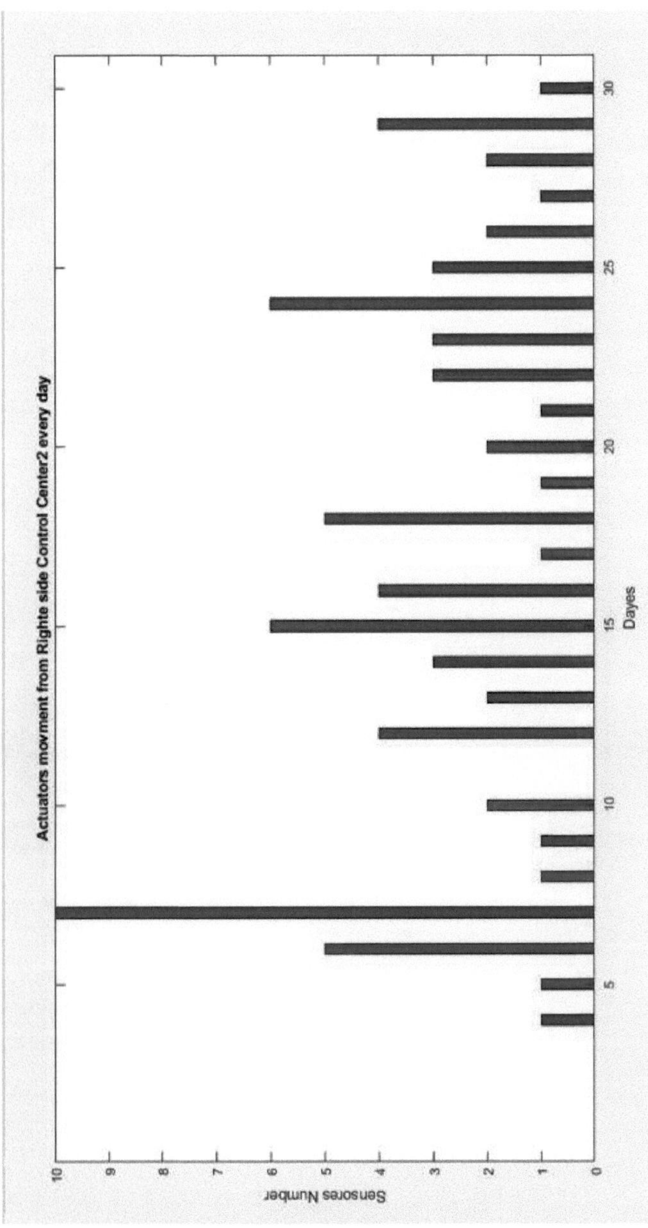

Figura 3.10-45. O número de actuadores deslocados para a direita do centro de controlo n. 2 em cada dia, durante 30 dias, no segundo ensaio de ativação.

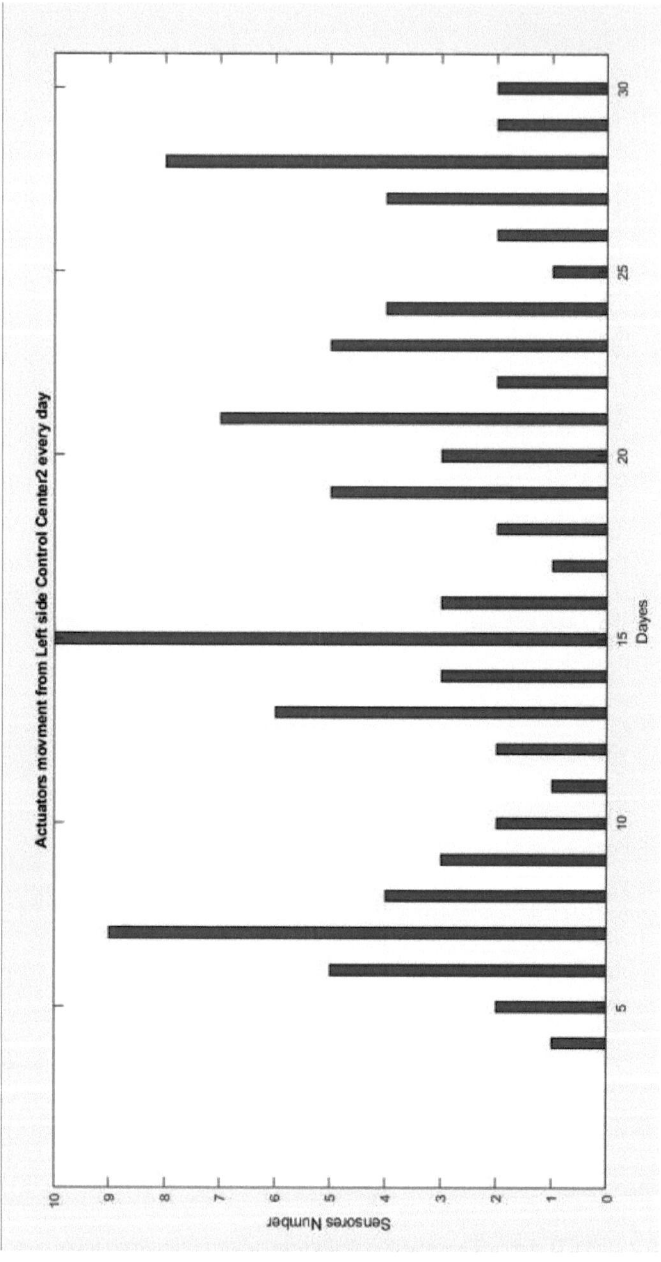

Figura   3.10-46. O número de actuadores deslocados para a esquerda do centro de controlo n. 2 em cada dia, no espaço de 30 dias, no segundo ensaio de utilização.

114

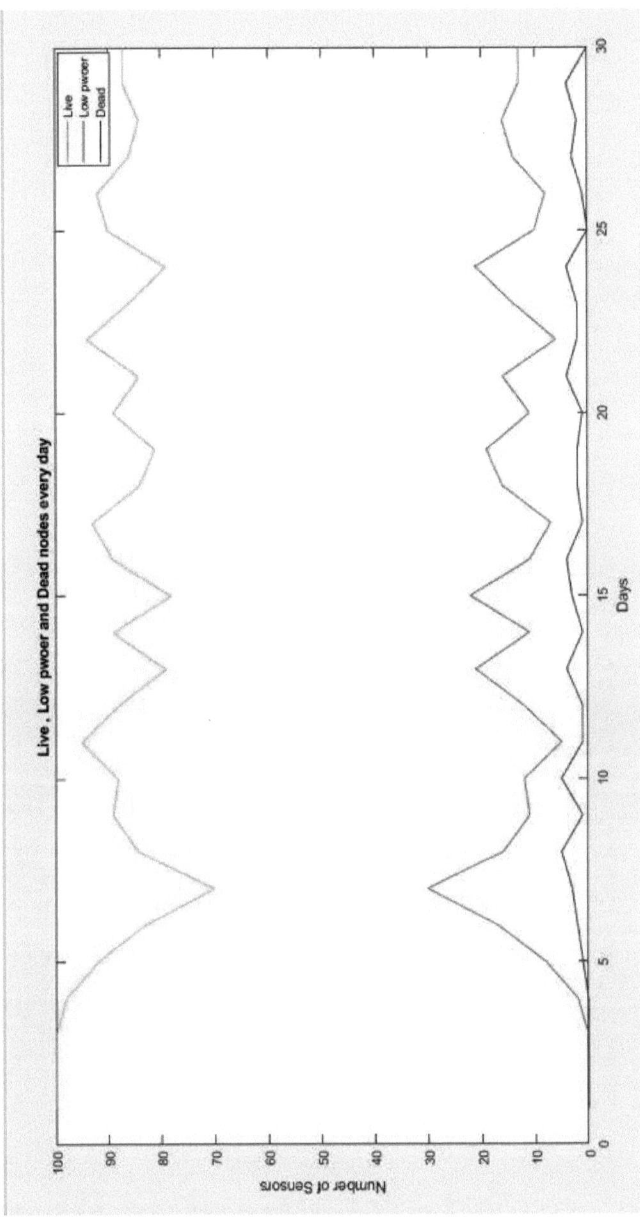

Figura 3.10-47. Sensores activos, com bateria fraca e mortos por dia em 30 dias no segundo teste de implantação.

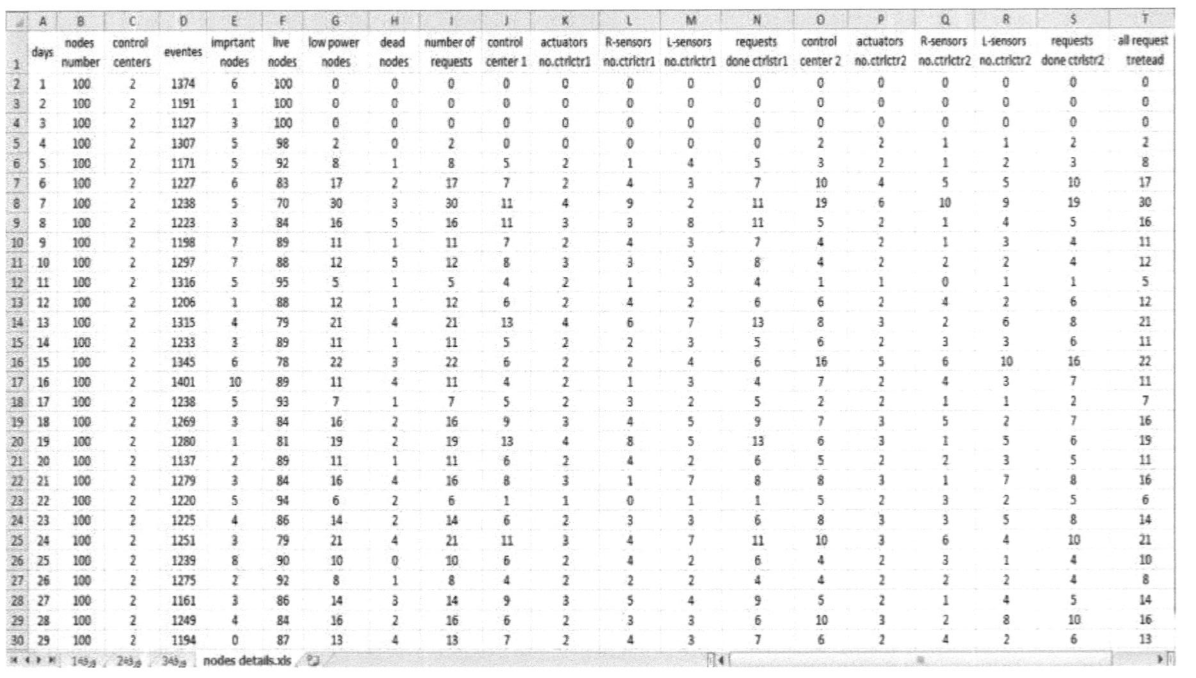

days	nodes number	control centers	eventes	imprtant nodes	live nodes	low power nodes	dead nodes	number of requests	control center 1	actuators no.ctrlctr1	R-sensors no.ctrlctr1	L-sensors no.ctrlctr1	requests done ctrlstr1	control center 2	actuators no.ctrlctr2	R-sensors no.ctrlctr2	L-sensors no.ctrlctr2	requests done ctrlstr2	all request tretead
1	100	2	1374	6	100	0	0	0	0	0	0	0	0	0	0	0	0	0	0
2	100	2	1191	1	100	0	0	0	0	0	0	0	0	0	0	0	0	0	0
3	100	2	1127	3	100	0	0	0	0	0	0	0	0	0	0	0	0	0	0
4	100	2	1307	5	98	2	0	2	0	0	0	0	0	2	2	1	1	2	2
5	100	2	1171	5	92	8	1	8	5	2	1	4	5	3	2	1	2	3	8
6	100	2	1227	6	83	17	2	17	7	2	4	3	7	10	4	5	5	10	17
7	100	2	1238	5	70	30	3	30	11	4	9	2	11	19	6	10	9	19	30
8	100	2	1223	3	84	16	5	16	11	3	3	8	11	5	2	1	4	5	16
9	100	2	1198	7	89	11	1	11	7	2	4	3	7	4	2	1	3	4	11
10	100	2	1297	7	88	12	5	12	8	3	3	5	8	4	2	2	2	4	12
11	100	2	1316	5	95	5	1	5	4	2	1	3	4	1	1	0	1	1	5
12	100	2	1206	1	88	12	1	12	6	2	4	2	6	6	2	4	2	6	12
13	100	2	1315	4	79	21	4	21	13	4	6	7	13	8	3	2	6	8	21
14	100	2	1233	3	89	11	1	11	5	2	2	3	5	6	2	3	3	6	11
15	100	2	1345	6	78	22	3	22	6	2	2	4	6	16	5	6	10	16	22
16	100	2	1401	10	89	11	4	11	4	2	1	3	4	7	2	4	3	7	11
17	100	2	1238	5	93	7	1	7	5	2	3	2	5	2	2	1	1	2	7
18	100	2	1269	3	84	16	2	16	9	3	4	5	9	7	3	5	2	7	16
19	100	2	1280	1	81	19	2	19	13	4	8	5	13	6	3	1	5	6	19
20	100	2	1137	2	89	11	1	11	6	2	4	2	6	5	2	2	3	5	11
21	100	2	1279	3	84	16	4	16	8	3	1	7	8	8	3	1	7	8	16
22	100	2	1220	5	94	6	2	6	1	1	0	1	1	5	2	3	2	5	6
23	100	2	1225	4	86	14	2	14	6	2	3	3	6	8	3	3	5	8	14
24	100	2	1251	3	79	21	4	21	11	3	4	7	11	10	3	6	4	10	21
25	100	2	1239	8	90	10	0	10	6	2	4	2	6	4	2	3	1	4	10
26	100	2	1275	2	92	8	1	8	4	2	2	2	4	4	2	2	2	4	8
27	100	2	1161	3	86	14	3	14	9	3	5	4	9	5	2	1	4	5	14
28	100	2	1249	4	84	16	2	16	6	2	3	3	6	10	3	2	8	10	16
29	100	2	1194	0	87	13	4	13	7	2	4	3	7	6	2	4	2	6	13

Figura   3.10-48. Ficheiro Excel que contém todos os dados e pormenores de todos os sensores para todos os dias num período de 30 dias no segundo ensaio de implantação.

116

3. Terceiro teste para a implantação de sensores

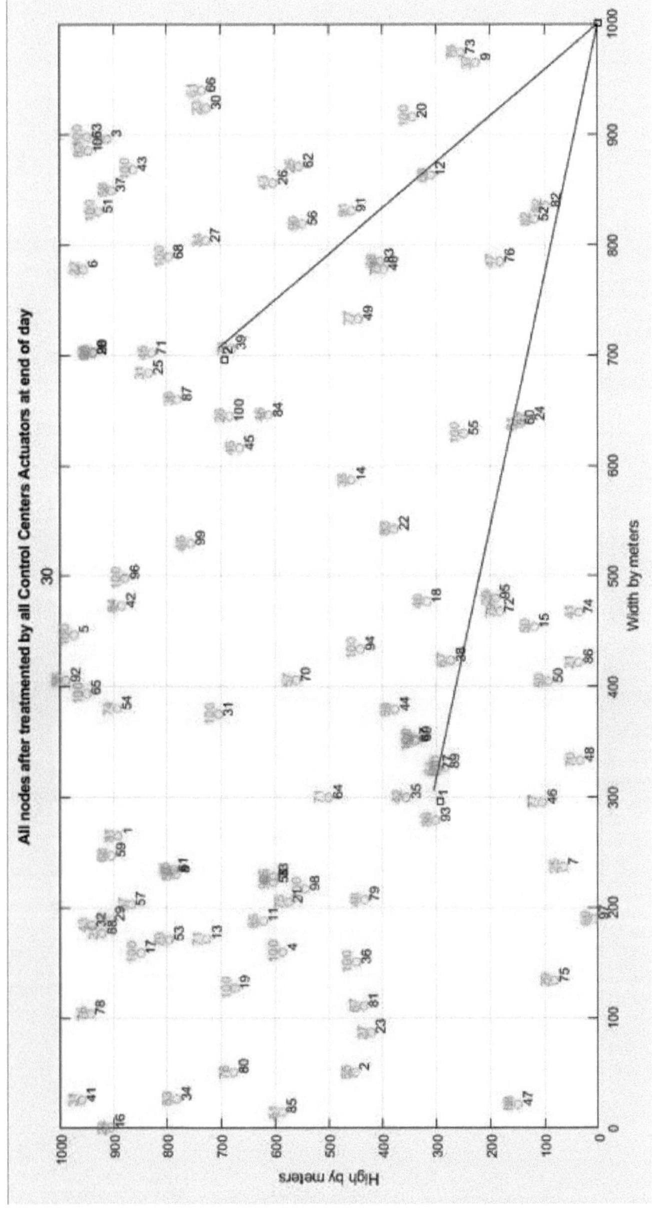

Figura 3.10-49. O último dia desta simulação, que é o dia n. 30, depois de todos os pedidos
terem sido processados no terceiro teste de implantação.

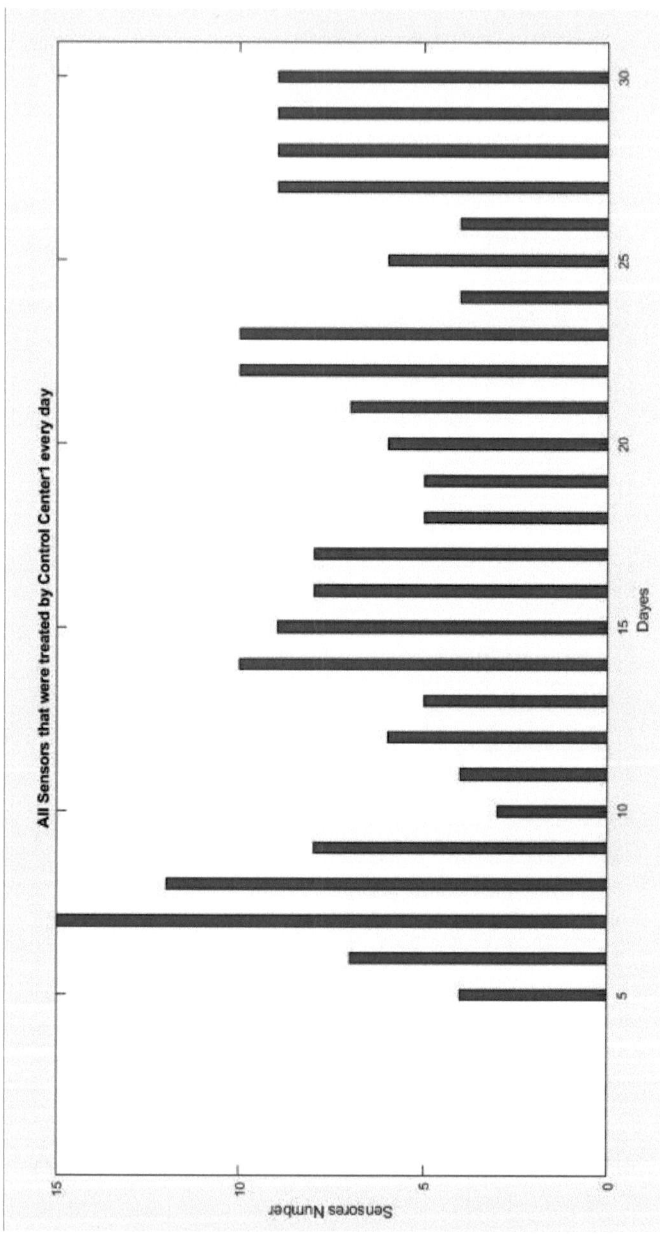

Figura 3.10-50. O número de sensores processados pelo centro de controlo n. 1 em cada dia, durante 30 dias, no terceiro teste de implantação.

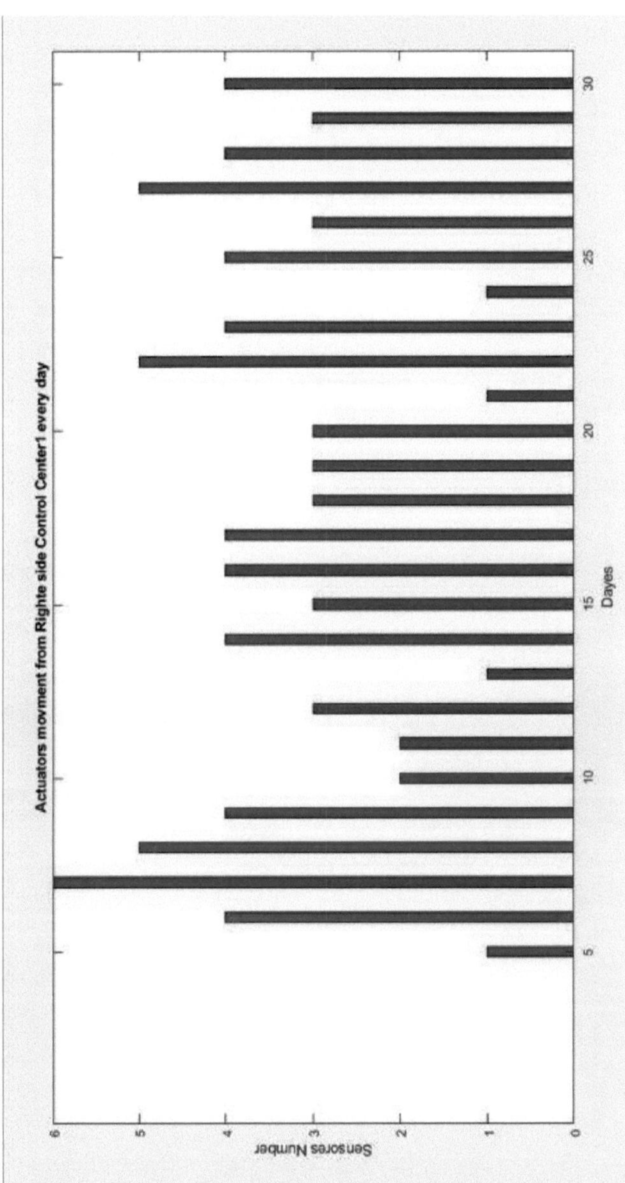

Figura 3.10-51. O número de actuadores que se deslocaram para a direita do Centro de Controlo n. 1 todos os dias, durante 30 dias, no terceiro ensaio de ativação.

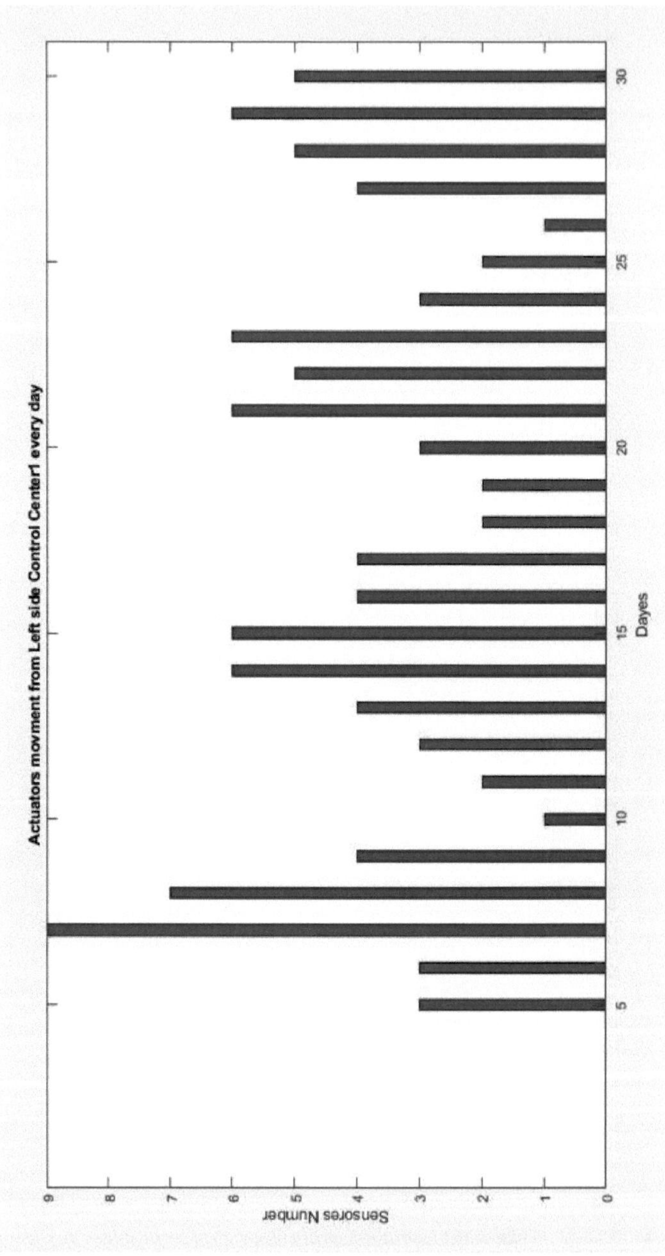

Figura   3.10-52. O número de actuadores deslocados para a esquerda do centro de controlo n.º 1 todos os dias durante 30 dias no terceiro ensaio de utilização.

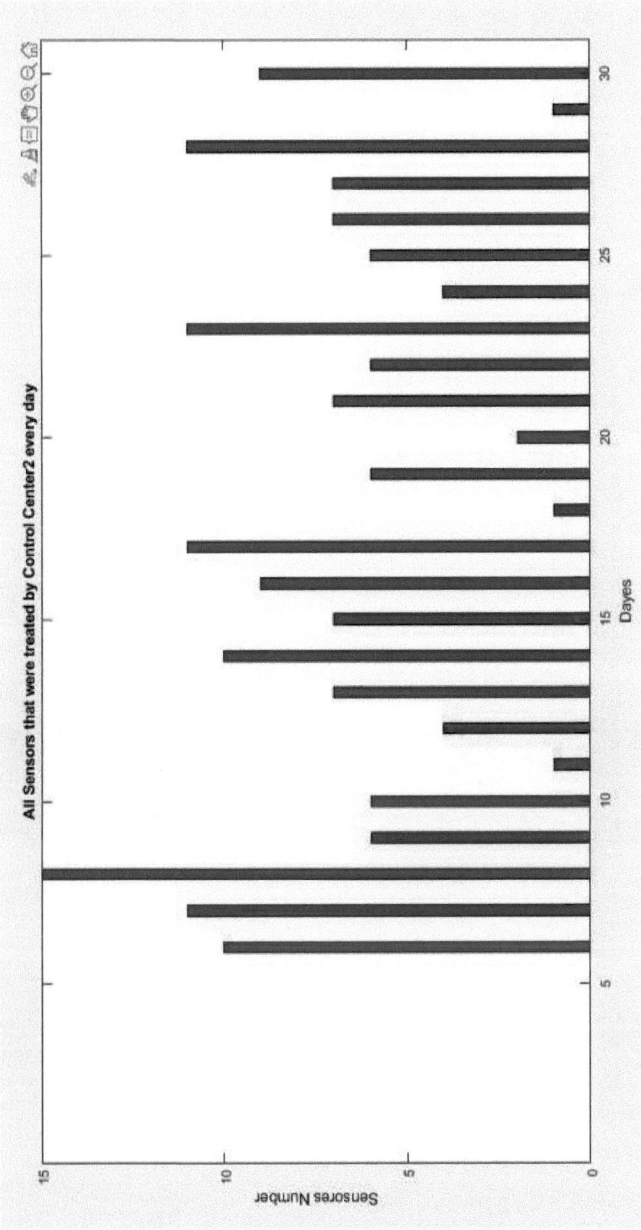

Figura   3.10-53. O número de sensores processados pelo centro de controlo n. 2 diariamente em 30 dias no terceiro teste de implantação.

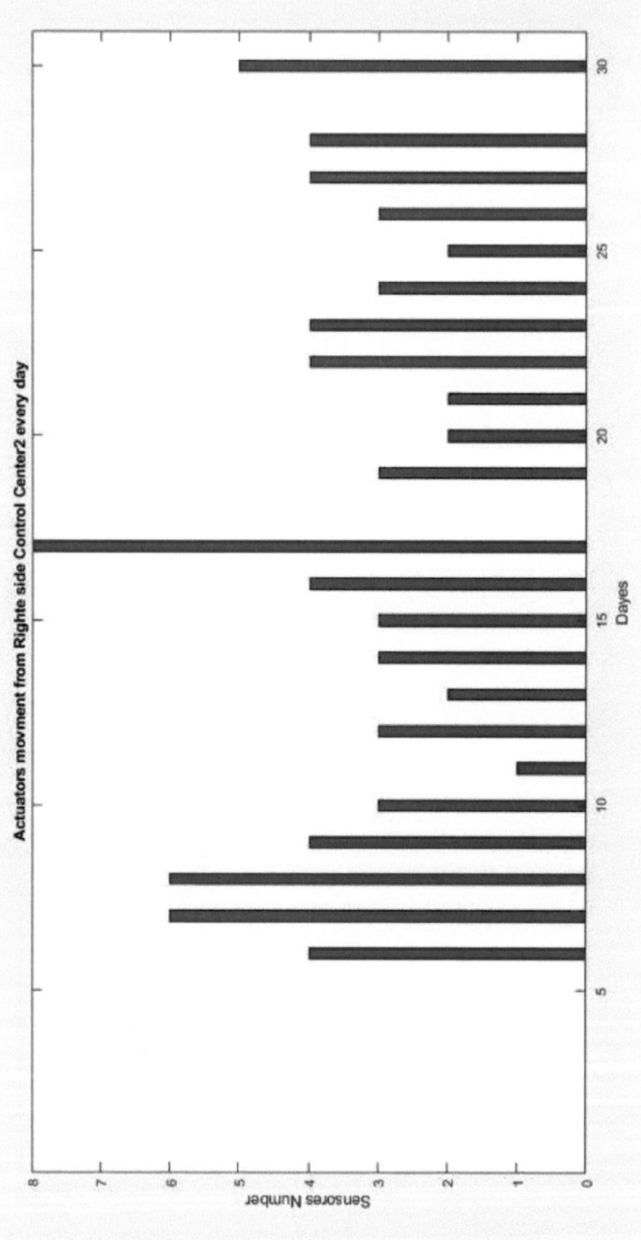

Figura 3.10-54. O número de actuadores deslocados para a direita do centro de controlo n. 2 por dia durante 30 dias no terceiro ensaio de ativação.

122

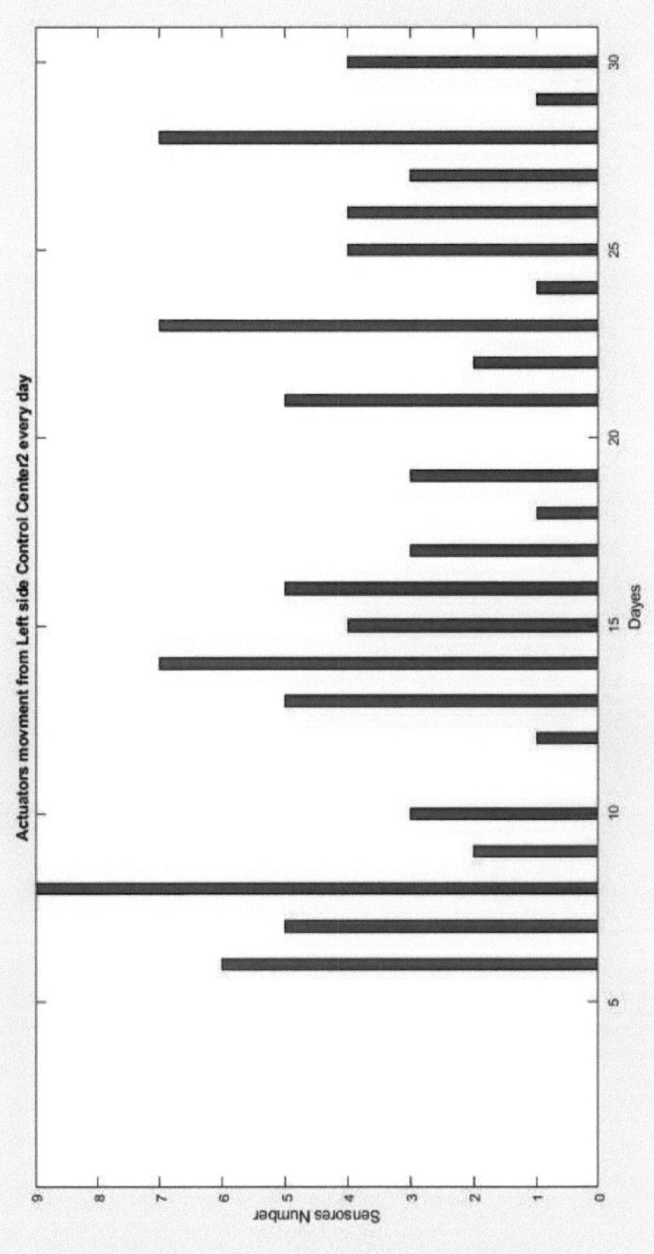

Figura 3.10-55. O número de actuadores deslocados para a esquerda do centro de controlo n. 2 por dia durante 30 dias no terceiro ensaio de ativação.

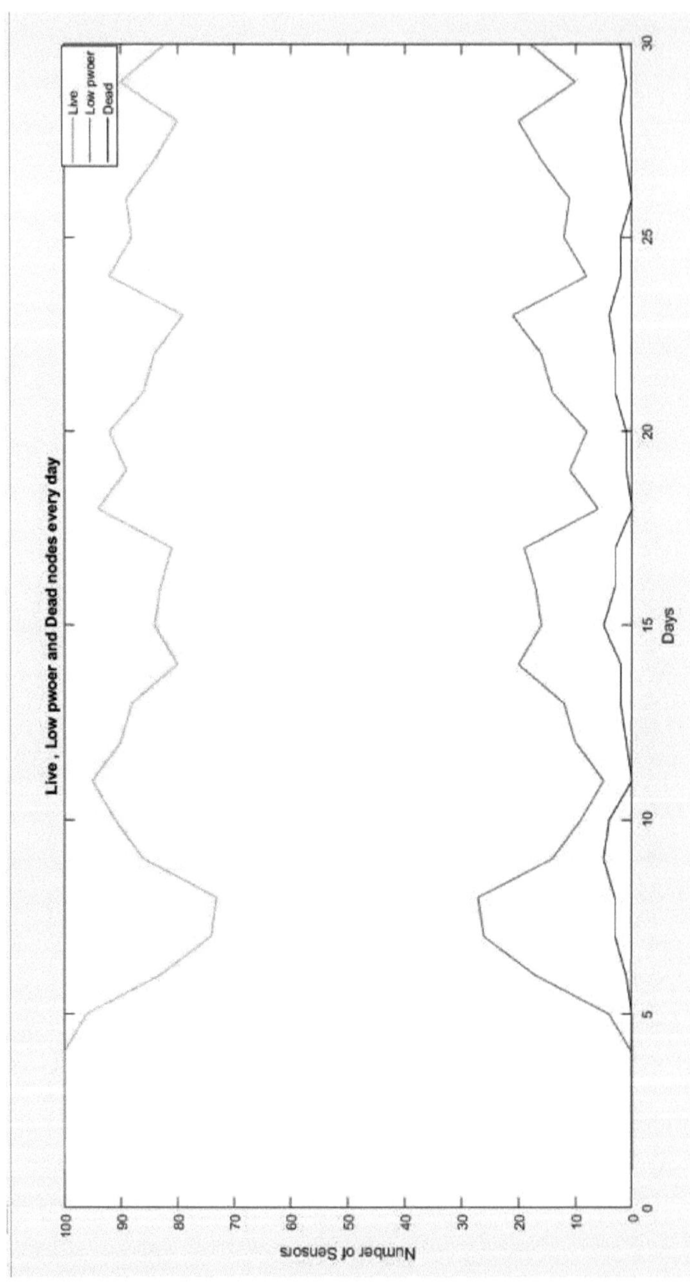

Figura 3.10-56. Sensores activos, com bateria fraca e mortos por dia em 30 dias no terceiro teste de implantação.

	A	B	C	D	E	F	G	H	I	J	K	L	M	N	O	P	Q	R	S	T
1	days	nodes number	control centers	eventes	imprtant nodes	live nodes	low power nodes	dead nodes	number of requests	control center 1	actuators no.ctrlctr1	R-sensors no.ctrlctr1	L-sensors no.ctrlctr1	requests done ctrlstr1	control center 2	actuators no.ctrlctr2	R-sensors no.ctrlctr2	L-sensors no.ctrlctr2	requests done ctrlstr2	all request tretead
2	1	100	2	1210	3	100	0	0	0	0	0	0	0	0	0	0	0	0	0	0
3	2	100	2	1223	3	100	0	0	0	0	0	0	0	0	0	0	0	0	0	0
4	3	100	2	1217	5	100	0	0	0	0	0	0	0	0	0	0	0	0	0	0
5	4	100	2	1271	5	100	0	0	0	0	0	0	0	0	0	0	0	0	0	0
6	5	100	2	1084	2	96	4	0	4	4	2	1	3	4	0	0	0	0	0	4
7	6	100	2	1180	5	83	17	1	17	7	2	4	3	7	10	3	4	6	10	17
8	7	100	2	1192	2	74	26	3	26	15	5	6	9	15	11	4	6	5	11	26
9	8	100	2	1222	6	73	27	3	27	12	4	5	7	12	15	5	6	9	15	27
10	9	100	2	1306	5	86	14	5	14	8	2	4	4	8	6	2	4	2	6	14
11	10	100	2	1288	2	91	9	4	9	3	2	2	1	3	6	2	3	3	6	9
12	11	100	2	1375	3	95	5	0	5	4	2	2	2	4	1	1	1	0	1	5
13	12	100	2	1133	3	90	10	1	10	6	2	3	3	6	4	2	3	1	4	10
14	13	100	2	1307	3	88	12	2	12	5	2	1	4	5	7	3	2	5	7	12
15	14	100	2	1266	4	80	20	2	20	10	3	4	6	10	10	3	3	7	10	20
16	15	100	2	1289	4	84	16	5	16	9	3	3	6	9	7	2	3	4	7	16
17	16	100	2	1249	2	83	17	3	17	8	2	4	4	8	9	3	4	5	9	17
18	17	100	2	1283	3	81	19	3	19	8	2	4	4	8	11	3	8	3	11	19
19	18	100	2	1127	2	94	6	0	6	5	2	3	2	5	1	1	0	1	1	6
20	19	100	2	1210	4	89	11	1	11	5	2	3	2	5	6	2	3	3	6	11
21	20	100	2	1257	6	92	8	1	8	6	2	3	3	6	2	1	2	0	2	8
22	21	100	2	1290	3	86	14	3	14	7	3	1	6	7	7	3	2	5	7	14
23	22	100	2	1143	2	84	16	3	16	10	4	5	5	10	6	2	4	2	6	16
24	23	100	2	1269	4	79	21	4	21	10	3	4	6	10	11	3	4	7	11	21
25	24	100	2	1236	4	92	8	2	8	4	2	1	3	4	4	2	3	1	4	8
26	25	100	2	1261	5	88	12	2	12	6	2	4	2	6	6	2	2	4	6	12
27	26	100	2	1252	2	89	11	0	11	4	2	3	1	4	7	2	3	4	7	11
28	27	100	2	1241	4	84	16	1	16	9	3	5	4	9	7	2	4	3	7	16
29	28	100	2	1282	5	80	20	2	20	9	3	4	5	9	11	3	4	7	11	20
30	29	100	2	1337	4	90	10	1	10	9	3	3	6	9	1	1	1	0	1	10

H ◂ ▸ H 1ª 2ª 3ª nodes details.xls

Figura   3.10-57. Ficheiro Excel com todos os dados e pormenores relativos a todos os sensores para todos os dias num período de 30 dias no terceiro ensaio de implantação.

3.11. Conclusões e avaliação do trabalho do algoritmo

A partir dos resultados e saídas da simulação, o sucesso do algoritmo aparece no seu controlo de todos os sensores localizados em toda a rede e na sua capacidade de lidar com eles. Os resultados também mostraram que o algoritmo pode lidar com o baixo consumo de energia das baterias dos sensores em redes de sensores sem fios, substituindo os sensores que perderam a energia, que estão danificados ou que deixaram de funcionar por novos sensores, através da cooperação distribuída e coordenada entre os actuadores na rede.

O algoritmo manteve a deteção do maior número possível de eventos através do interesse do algoritmo em processar os sensores que detectam muitos eventos se houver um grande número de eventos. O algoritmo também reduziu o tempo para resolver o problema de danos nos sensores, uma vez que o algoritmo se baseou nos pedidos enviados pelos sensores antes de a sua bateria se esgotar, proporcionando assim um acesso rápido à localização da falha e processando-a o mais rapidamente possível. Ao contrário de outros métodos, que se baseiam na procura de avarias e, em seguida, no seu tratamento, caso existam, em que se perde tempo durante o processo de procura de avarias.

O algoritmo adaptou-se à evolução das redes de sensores sem fios em termos de um aumento do número de eventos súbitos ou da presença de sensores e de áreas importantes onde o algoritmo pode tratar estes casos quando eles ocorrem.

Devido à capacidade do algoritmo para fornecer uma cooperação coordenada e distribuída entre os actuadores na rede, o número de actuadores necessários para realizar operações de substituição foi controlado, uma vez que aumenta com o aumento dos pedidos e diminui com a diminuição dos pedidos. Por conseguinte, o movimento dos actuadores é completamente controlado.

Capítulo IV: Resultados e síntese

4.1 Resultados

Os resultados da aplicação do algoritmo mostraram a capacidade de satisfazer a resposta de todos os sensores através dos centros de controlo na rede e a cooperação distribuída entre os actuadores. O algoritmo também manteve a presença de sensores em áreas consideradas importantes na rede, respondendo rapidamente no caso de um sensor com bateria fraca ou danificado nessas áreas e substituindo-o por novos sensores que funcionam bem. Assim, os eventos importantes foram preservados na rede. Aumentar o número de eventos recolhidos na rede, mantendo os sensores localizados em zonas onde ocorrem muitos eventos.

Reduzir o tempo de resposta para resolver o problema na rede, onde os sensores que começaram a sofrer problemas são os que solicitam e enviam notificações de processamento e determinam as suas localizações na rede para responder rapidamente aos pedidos. Reduzir o movimento dos actuadores na rede, uma vez que os actuadores não se movem exceto para um alvo específico. Evitar a divisão da rede devido a danos nos sensores, aumentando assim a eficiência da rede, o número de eventos recolhidos e o tempo de vida da rede.

4.2 O resumo

As RSSF tornaram-se uma das características da tecnologia moderna e têm sido uma base muito importante em muitas instituições críticas em todo o mundo. Apesar dos grandes benefícios que estas redes proporcionam, sofrem de um grande problema que pode afetar o seu desempenho no trabalho, sendo o mais importante a baixa potência das baterias dos sensores durante o seu funcionamento. Este problema tornou-se a órbita da investigação moderna para o resolver.

Na WSAN, a capacidade dos actuadores de se deslocarem dentro da rede pode ser aproveitada fazendo com que estes actuadores dentro da rede recarreguem ou substituam os nós sensores dentro da rede que sofrem do problema do baixo nível de potência, assim como podem substituir os nós sensores danificados por novos que funcionem bem. Este método é muito cómodo e adequado em todas as circunstâncias. A realização de estudos e investigação sobre a forma de utilizar os actuadores na rede de sensores sem fios pode levar a encontrar soluções excelentes e bem sucedidas para resolver os problemas de baixos níveis de energia nos nós sensores durante muito tempo, o que aumenta a eficiência da rede. Algumas das investigações e estudos que utilizaram o método de utilização de actuadores para recarregar o nó sensor na rede consistiram na utilização de um atuador que se desloca dentro da rede entre os sensores de forma constante para recarregar os sensores que sofrem de problemas de baixo nível de energia e que, no final do seu ciclo, regressa à fonte de energia para fornecer a energia necessária para se deslocar novamente num outro ciclo. Outro estudo e investigação sugerem a utilização de um grupo de actuadores que se movem aleatoriamente dentro da rede de sensores sem fios. Quando encontra alguns sensores que sofrem de um problema de baixa potência, o atuador substitui esse sensor por um novo com capacidade total e transporta consigo o sensor que perdeu a sua potência, dirigindo-se a um dos armazéns da rede para o recarregar. O atuador transporta também sensores com a sua capacidade total do armazém para a aproveitar noutras zonas da rede onde os sensores perderam a sua potência.

Estes métodos que utilizam actuadores para resolver problemas de energia em nós sensores são boas formas e soluções bem sucedidas para resolver este problema. No entanto, são necessárias algumas adições e alterações que aumentem a eficiência destes métodos, por exemplo, nestes métodos propostos, os actuadores deslocam-se na rede à procura de nós sensores que sofrem de problemas de energia e que estão a ser substituídos ou recarregados. O movimento dos actuadores desta forma não é o ideal, o atuador pode mover-se em direção aos nós de sensores que podem não sofrer de um baixo nível de energia. Por outro lado, pode haver sensores próximos dos actuadores com baixo nível de energia.

O movimento dos actuadores em direção aos sensores que não sofrem de problemas de potência e depois em direção aos sensores que sofrem do problema de baixa potência é uma perda de tempo, e sabe-se que o fator tempo é muito importante para tratar os nós sensores antes que este perca completamente a potência e morra. Este ponto importante deve ser abordado, e um algoritmo que coloca o caminho correto que o atuador deve tomar para tratar os sensores que sofrem de baixos níveis de energia deve ser.

Por outro lado, em algumas redes de sensores, podem existir áreas importantes com maior prioridade do que outras dentro da mesma rede. Assim, os métodos utilizados podem não ser bem sucedidos em tais redes, pelo que o método de movimentação dos actuadores em redes que contenham áreas de maior importância do que outras dentro da mesma rede deve obedecer a um algoritmo que direccione o movimento dos actuadores para as áreas importantes a serem processadas em primeiro lugar.

Além disso, no caso de haver mais do que um sensor em áreas diferentes e importantes na rede que sofram de problemas de energia e precisem de ser tratados rapidamente antes de morrerem e pela sua importância para a rede, o processamento destes sensores deve ser feito em tempos próximos, pelo que deve haver um algoritmo que conduza a cooperação entre os actuadores para tratar estes casos.

Para resolver estes problemas, nesta pesquisa, proponho um algoritmo cooperativo entre os atuadores que regula o movimento dos atuadores dentro da rede de sensores sem fio. Onde foi adotado que o movimento dos atuadores com uma notificação dos sensores que sofrem do problema de baixa potência, e por isso o atuador se desloca em direção ao problema diretamente, assim como no caso da presença de áreas importantes na rede, o algoritmo proposto dá o aviso para que se dirija primeiro aos sensores importantes. No entanto, no caso da presença de mais do que um sensor ao mesmo tempo, o algoritmo cria uma cooperação entre os actuadores para processar todos os sensores que necessitam de processamento. O algoritmo funciona com base em alguns princípios. O primeiro é que os nós sensores são os que dão conhecimento do movimento dos actuadores. E o segundo princípio é escolher o atuador que tem o caminho mais curto para o sensor que sofre de problemas de baixa potência. Outro princípio é tratar primeiro os sensores que sofrem do problema de baixa potência e que estão localizados numa área importante ou os sensores que enviam mais eventos do que outros e dar-lhes prioridade no tratamento. Além disso, o algoritmo dá a máxima importância aos sensores que perderam completamente a sua potência e ficaram danificados para os substituir por novos.

Quinto capítulo: Conclusão e trabalhos futuros

5.1 Conclusão

Na WSAN, quando se utilizam Actuadores para resolver o problema da bateria fraca nos sensores, os Actuadores têm o problema de receber notificações de mais do que um nó na rede que sofre de problemas de bateria fraca. Como é que os actuadores lidam com estes sensores? Eles têm diferentes taxas de velocidade de consumo de energia e estão localizados em vários locais importantes da rede. Como podem os actuadores satisfazer todas as necessidades dos sensores no caso de grandes quantidades de eventos e de zonas críticas na rede?

Nesta investigação, propus um algoritmo para criar uma coordenação entre os sensores com baterias de baixo consumo e os actuadores para priorizar o processamento com base nos dados dos nós sensores pela sua localização na rede, quantidade de eventos, nível de carga da bateria, velocidade de consumo, e criar uma coordenação colaborativa entre os mesmos actuadores para gerir as operações de processamento para todos os nós sensores da rede que sofrem de baixo consumo antes que as suas baterias se esgotem, bem como se a rede precisa de adicionar mais outros actuadores para controlar o problema de baixo consumo para todos os nós sensores da rede.

O critério para o sucesso deste algoritmo é a sua capacidade de criar precedência e cooperação sobre o movimento dos actuadores para acomodar os pedidos dos sensores se houver mais do que um nó sensor a sofrer de baixo nível de bateria, com diferentes níveis de consumo de energia e locais de importância diferente, o algoritmo fornecerá uma notificação de que outros actuadores são adicionados à rede na insuficiência dos actuadores existentes. Este algoritmo criará uma excelente interação entre os actuadores e os sensores e entre os actuadores para gerir os baixos níveis de energia de todos os nós sensores na rede e manter a continuidade da rede.

Ao simular o algoritmo no MATLAB, os resultados foram a capacidade de estabelecer uma cooperação distribuída entre os actuadores através dos centros de controlo da rede e conseguir responder a todos os pedidos dos sensores que sofrem do problema da bateria fraca. O algoritmo também priorizou o tratamento de sensores que são importantes na rede, respondendo rapidamente às solicitações desses sensores e substituindo-os por novos sensores que funcionam bem e preservando o sensoriamento de eventos importantes na rede. Devido à resposta rápida do algoritmo no processamento de sensores que sofrem de baixa potência, o número de eventos recolhidos na rede é aumentado, mantendo os sensores localizados em áreas onde ocorrem muitos eventos.

E porque os sensores que começaram a sofrer problemas são os que solicitam e enviam notificações de processamento e determinam as suas localizações na rede para responder rapidamente aos pedidos, o tempo de resposta foi reduzido para resolver o problema na rede e reduzir o movimento dos actuadores na rede. Esta resposta rápida do algoritmo evita que os sensores sejam danificados e, assim, aumenta a eficiência da rede, o número de eventos recolhidos e o tempo de vida da rede.

5.2 trabalhos futuros.

Ao simular o algoritmo, os resultados mostraram uma excelente cooperação entre os actuadores no processo de substituição dos sensores que perderam a potência por novos, e em vários casos, quer esses sensores fossem importantes, estivessem em locais diferentes ou transmitissem muitos dados. Através destes resultados, este algoritmo pode ser utilizado no futuro para efetuar diferentes procedimentos na rede, adicionando as variáveis necessárias para a tarefa. O algoritmo pode ser utilizado em redes que contenham sensores de carregamento sem fios, onde o algoritmo pode mover os actuadores entre os sensores para os recarregar. O algoritmo também pode ser utilizado para tratar sensores danificados, seja por condições naturais, seja por adulteração, seja por outras razões, pois o algoritmo pode direcionar os actuadores para o local dos sensores danificados para os substituir. No caso de se pretender aumentar e adicionar novos sensores em diferentes locais da rede, este algoritmo é considerado a forma prática de o fazer. Além disso, no caso de desenvolvimento da rede de sensores através da adição de sensores mais recentes, o algoritmo pode efetuar o processo de atualização dos sensores na rede.

Referências

[1] J. Stankovic, "When Sensor and Actuator Networks Cover the World", ETRI Journal, vol. 30, no .5, pp.627-633, 2008, doi: 10.4218/etrij.08.1308.0099.

[2] H. Salarian, K.-W. Chin, e F. Naghdy, "Coordination in wireless sensor-actuator networks: A survey", Journal of Parallel and Distributed Computing, vol. 72, no.7, pp. 856-867, 2012, doi:10.1016/j.jpdc.2012.02.013.

[3] P. Di Marco, and P. Park, "Architectures and Protocols for Wireless Sensor and Actuator Networks", Journal of Sensor and Actuator Networks, vol. 10, no. 3, pp. 52, 2021, doi:10.3390/jsan10030052.

[4] S. Raza, M. Faheem e M. Guenes, "Industrial wireless sensor and actuator networks in industry 4.0: Exploring requirements, protocols, and challenges-A MAC survey", International Journal of Communication Systems, vol. 32, n.º 15, Ago. 2019, doi:10.1002/dac.4074.

[5] J. Blanco, A. García, and J. Morenas, "Design and Implementation of a Wireless Sensor and Actuator Network to Support the Intelligent Control of Efficient Energy Usage", Sensors, vol. 18, no. 6, pp. 1892, 2018, doi:10.3390/s18061892.

[6] A. R. Al-Qawasmi, A. G. Abo-khalil, "Smart Energy Management System using Wireless Sensing and Actuator Network", Journal of Engineering and Applied Sciences, vol. 8, n.º 1, maio de 2021, doi: 10.5455/jeas.2021050102.

[7] S. G. Varghese, C. P. Kurian, and C. Joseph, "Wireless Sensor Actuator Network Architecture and Energy Model of a Camera Based Lighting Management System", IEEE Access, vol. 10, pp. 22700 - 22711, 2022, doi: 10.1109/ACCESS.2022.3154587.

[8] S. Mohsen, "A Solar Energy Harvester for a Wireless Sensor System towards Environmental Monitoring", Proceedings of Engineering and Technology Innovation, vol. 21, pp. 10-19, 2022, doi: 10.46604/peti.2022.9210.

[9] G. P. R. Filho, L. A. Villas, H. Freitas, A. Valejo, D. L. Guidoni, and J. Ueyama, "ResiDI: Towards a smarter smart home system for decision-making using wireless sensors and actuators", Computer Networks, vol 135, pp. 54-69, 2018, doi:10.1016/j.comnet.2018.02.009.

[10] L. Mo, X. Cao, Y. Song e A. Kritikakou, "Distributed Node Coordination for Real-Time Energy-Constrained Control in Wireless Sensor and Actuator

Networks", IEEE Internet of Things Journal, vol. 5, no. 5, pp. 4151, 2018, doi: 10.1109/JIOT.2018.2839030.

[11] B. Park, J. Nah, J. Choi, I. Yoon e P. Park, "Robust Wireless Sensor and Actuator Networks for Networked Control Systems", Sensors, vol. 19, n.º 7, pp. 1535, 2019, doi:10.3390/s19071535.

[12] S. Yahiaoui, M. Omar, A. Bouabdallah, E. Natalizio, e Y. Challal, "An energy efficient and QoS aware routing protocol for wireless sensor and actuator networks", AEU - International Journal of Electronics and Communications, vol. 83, pp. 193-203, 2018, doi:10.1016/j.aeue.2017.08.045.

[13] L. Liu, Y. Guo, Y. Sun, Z. Wang, E. Sun e Y. Sun, "Improved Joint Optimization Design for Wireless Sensor and Actuator Networks with Time Delay", Wireless Communications and Mobile Computing, vol. 2021, Article ID 3927584, pp. 10, 2021, doi:10.1155/2021/3927584.

[14] B. Cho, S. Kim, K. Kim, and K. Park, "A Controller Switching Mechanism for Resilient Wireless Sensor-Actuator Networks", Journals Applied Sciences, vol. 12, no. 4, pp. 1841, 2022, doi.org/10.3390/app12041841.

[15] X. Cheng e M. Sha, "ATRIA: Autonomous Traffic-Aware Scheduling for Industrial Wireless Sensor-Actuator Networks", 2021 IEEE 29th International Conference on Network Protocols (ICNP), pp. 1-12, 2021, doi: 10.1109/ICNP52444.2021.9651914.

[16] D. Imededdin, A. Salih, H. Medkour, "Conceção e implementação de um nó de sensor sem fios de baixo consumo de energia", TELKOMNIKA, vol. 17, n.º 6, pp.2729-2734, 2019, doi: 10.12928/TELKOMNIKA.v17i6.12047.

[17] J. Zhu, H. Yu, Z. Lin, N. Liu, H. Sun e M. Liu, "Efficient Actuator Failure Avoidance Mobile Charging for Wireless Sensor and Actuator Networks", IEEE Access, vol. 7, pp. 104197-104209, 2019, doi:10.1109/access.2019.2931590.

[18] F. Xia, Y.-C. Tian, Y. Li, e Y. Sung, "Wireless Sensor/Actuator Network Design for Mobile Control Applications", MDPI Sensors, vol. 7, n.º 10, pp. 2157-2173, 2007, doi:10.3390/s7102157.

[19] C. Wu, G. S. Tewolde, W. Sheng, B. Xu, e Y. Wang, "Distributed Multi-Actuator Control for Workload Balancing in Wireless Sensor and Actuator Networks", IEEE Transactions on Automatic Control, vol. 56, no. 10, pp.2462-2467, 2011, doi:10.1109/tac.2011.2164035.

[20] X. Zhang, Y. Guo, H.i Yu e T. Chen, "An Effective Mobile Charging Approach for Wireless Sensor and Actuator Networks with Mobile Actuators", The 10th International Conference on Computer Engineering and Networks, pp. 1172-1179, 2021, doi:10.1007/978-981-15-8462-6_134.

[21] J. Bhola, and S. Soni, "A study on research issues and challenges in WSAN", 2016 International Conference on Wireless Communications, Signal Processing and Networking, IEEE WiSPNET 2016 conference, doi:10.1109/wispnet.2016.7566423.

[22] E. Khamespanah, M. Mohaqeqi, M. Ashjaei, and Marjan Sirjani, "Schedulability Analysis of WSAN Applications: Outperformance of A Model Checking Approach", arXiv:2205.10224v1, [v1], Sat, 30 Apr 2022, doi:10.48550/arXiv.2205.10224.

[23] Y. Zhang, Z. Zhang e B. Zhang, "A Novel Hybrid Optimization Scheme on Connectivity Restoration Processes for Large Scale Industrial Wireless Sensor and Actuator Networks", Processes, vol. 7, no. 12, pp. 939, 2019, doi:10.3390/pr7120939.

[24] J. Shi, M. Sha e Z. Yang, "Distributed Graph Routing and Scheduling for Industrial Wireless Sensor-Actuator Networks", IEEE/ACM Transactions on Networking, pp. 1-14, 2019, doi:10.1109/tnet.2019.2925816.

[25] Z. Wang, Z. Liu, L. Liu, C. Fang, M. Li, e J. Zhao, "Joint Optimization of Control Strategy and Energy Consumption for Energy Harvesting WSAN", Entropy, vol. 24 no. 5, pp. 723, 2022, doi.org/10.3390/e24050723.

[26] L. Mo, and B. Xu, "Coordination mechanism based on mobile actuator design for wireless sensor and actuator networks", Wireless Communications and Mobile Computing, vol. 15, no. 8, pp. 1274-1289, 2013, doi:10.1002/wcm.2408.

[27] Y. Guo, Y. Zhang, Z. Mi, Y. Yang a, M. S. Obaidat, "Algoritmo de atribuição de tarefas distribuídas baseado no conjunto dominante conectado para WSANs", Ad Hoc Networks, vol. 89, pp. 107-118, 2019, doi: 10.1016/j.adhoc.2019.03.006.

[28] D. Zorbas, P. Raveneau, Y. Ghamri-Doudane e C. Douligeris, "The charger positioning problem in clustered RF-power harvesting wireless sensor networks", Ad Hoc Networks, vol. 78, pp. 42-53, 2018, doi:10.1016/j.adhoc.2018.05.013.

[29] X. Yang, G. Han, L. Liu, A. Qian e W. Zhang, "IGRC: Um algoritmo melhorado de encaminhamento e carregamento conjunto baseado em grelha para redes de sensores recarregáveis sem fios", Future Generation Computer Systems, vol. 92, pp. 837-845, Mar. 2019, doi:10.1016/j.future.2017.09.051.

[30] C. Lin, Z. Wang, D. Han, Y. Wu, C. W.Yu, and G. Wu, "TADP: Enabling temporal and distantial priority scheduling for on-demand charging architecture in wireless rechargeable sensor Networks", Journal of Systems Architecture, vol. 70, pp. 26-38, 2016, doi:10.1016/j.sysarc.2016.04.005.

[31] F. K. Shaikh, and S. Zeadally, "Energy harvesting in wireless sensor networks: A comprehensive review", Renewable and Sustainable Energy Reviews, vol. 55, pp. 1041-1054, 2016, doi:10.1016/j.rser.2015.11.010.

[32] J. A. Khan, H. K. Qureshi, e A.Iqbal, "Energy management in Wireless Sensor Networks: A survey", Computers & Electrical Engineering, vol. 41, pp. 159-176, 2015, doi:10.1016/j.compeleceng.2014.06.009.

[33] C. Lin, Y. Sun, K. Wang, Z. Chen, B. Xu e G. Wu, "Double Warning Thresholds for Preemptive Charging Scheduling in Wireless Rechargeable Sensor Networks", Computer Networks, vol. 148, pp. 72-87, 15 Jan. 2019, doi:10.1016/j.comnet.2018.10.023.

[34] M. Yang, A. Wang, G.Sun e Y. Zhang, "Implantação de nós de carregamento em redes de sensores recarregáveis sem fios com base num algoritmo de pirilampo melhorado", Computers & Electrical Engineering, vol. 72, pp. 719-731, Nov. 2018, doi:10.1016/j.compeleceng.2017.11.021.

[35] H. Yan, Y. Chen e S. Yang, "Analysis of energy transfer efficiency in UAV-enabled wireless networks", Physical Communication, vol. 37, pp. 100849, Dec. 2019, doi:10.1016/j.phycom.2019.100849.

[36] H. Sharma, A. Haque e Z. A. Jaffery, "Maximização do tempo de vida da rede de sensores sem fios utilizando a colheita de energia solar para a monitorização inteligente da agricultura", Ad Hoc Networks, vol. 94, pp. 101966, Nov. 2019, doi:10.1016/j.adhoc.2019.101966.

[37] H. Kim, and J. A. Cobb, "Optimization algorithms for transmission range and ator movement in wireless sensor and ator networks", Computer Networks, vol. 92, part 1, pp. 116-133, 9 Dec. 2015, doi:10.1016/j.comnet.2015.09.019.

[38] E. Cañete, J. Chen, R. M. Luque e B. Rubio, "NeuralSens: A neural network based framework to allow dynamic adaptation in wireless sensor and ator networks", Journal of Network and Computer Applications, vol. 35, no.1, pp. 382-393, Jan. 2012, doi:10.1016/j.jnca.2011.08.006.

[39] M. López-Nores, J. J. Pazos-Arias, J. García-Duque, Y. Blanco-Fernández, A. Gil-Solla, M. Ramos-Cabrer, R. P. Díaz-Redondo, and A. Fernández-Vilas, "Application-level assessment of approaches to coordinate node mobility in wireless sensor and ator networks", Computer Communications, vol. 33, no.7, pp. 860-867, 3 de maio de 2010, doi:10.1016/j.comcom.2009.12.008.

[40] Y. L. Jia, K. L. Ji, e K. W. Liang, "An Unequal Clustering Algorithm Based on Spacing and Residual Energy for Wireless Sensor Networks", Procedia Computer Science, vol. 154, pp. 400-405, 2019, doi:10.1016/j.procs.2019.06.057.

[41] R. A. Ligvan, R. Soitani, and S. Pashazadeh, "Distributed synchronization for charging sensors based on service priority in WSAN," 2020 10th International Conference on Computer and Knowledge Engineering (ICCKE), 2020, pp. 130-135, doi: 10.1109/ICCKE50421.2020.9303688.

الـحمـد لله رب الـعـامـلـيـن

I want morebooks!

Buy your books fast and straightforward online - at one of world's fastest growing online book stores! Environmentally sound due to Print-on-Demand technologies.

Buy your books online at
www.morebooks.shop

Compre os seus livros mais rápido e diretamente na internet, em uma das livrarias on-line com o maior crescimento no mundo! Produção que protege o meio ambiente através das tecnologias de impressão sob demanda.

Compre os seus livros on-line em
www.morebooks.shop

Printed by Books on Demand GmbH, Norderstedt / Germany